大学生体质健康教育

邓园园　娄婧婧　◎ 主编

吉林出版集团股份有限公司

图书在版编目（CIP）数据

大学生体质健康教育/邓园园，娄婧婧主编．—长春：吉林出版集团股份有限公司，2024.4
ISBN 978-7-5731-4854-4

Ⅰ．①大… Ⅱ．①邓…②娄… Ⅲ．①大学生－身体素质－健康教育－研究 Ⅳ．①G807.4

中国国家版本馆CIP数据核字（2024）第081648号

大学生体质健康教育
DAXUESHENG TIZHI JIANKANG JIAOYU

主　　编	邓园园　娄婧婧
责任编辑	张继玲
封面设计	牧野春晖
开　　本	710mm×1000mm1/16
字　　数	165千
印　　张	10.5
版　　次	2025年1月第1版
印　　次	2025年1月第1次印刷
出版发行	吉林出版集团股份有限公司
电　　话	总编办：010-63109269
	发行部：010-63109269
印　　刷	三河市悦鑫印务有限公司

ISBN 978-7-5731-4854-4　　　　　　　　定价：78.00元
版权所有　侵权必究

前言 PREFACE

英国的一位教育家曾说过，人的思考取决于动机，语言取决于知识和学问，而他们的行动，则多半取决于习惯。从某种角度上来说，学生体质健康教育实际上就是一种养成教育，养成教育是长期的潜移默化的教育，这种养成教育单依靠校园里的体育课程和体育活动是不够的，需要学生养成自觉锻炼、关注健康的良好习惯，这才是体质健康教育的根本目标。但目前学校在培养学生体质健康教育上也确实存在一定的局限性，这就促使我们要把握影响学生体质健康教育的因素，厘清学生在自觉锻炼养成过程中存在的障碍，以此构建新时代下学生体质健康教育体系，使学生体质健康教育真正达到效果，促使学生养成健康、自觉的生活习惯和生活方式。

原始时期的人类因掌握的知识比较少，文字和语言都比较单一，健康方面的教育也较初级，如为了生存而掌握奔跑技术，为了捕猎而掌握攀爬、搏斗等技术，因此，这一时期教育的主要内容就是围绕生存方式所展开的健康运动。如今我们体质健康教育的内容、方式虽然有了明显的变化，但体质健康教育在教育中的地位仍然十分重要，最初的适应性教育以及本能性训练也依然在现在的体质健康教育中得以保留。

目前学生的体质健康教育多数建立在学校的体育课、课外运动和自我锻炼的基础上。但从总体情况上来看，学生的体质健康情况并没有得到有效的改善。如果经济发展了，物质日益优越，学生的体质却变得更差，学生忽视自身体质的健康与发展，最终将影响学生终身，影响整个民族人才的质量，这就是提出发展学生体质健康教育的原因所在。体质健康状况的改善在一定程度上与学生的自我接受度和参与度相关，对体质健康教育的重视也必将促进学生体质健康状况的改善。

  本书在撰写过程中，参考了大量著作、借鉴了部分学者的理论研究成果，在此一一表示感谢。

邓园园　娄婧婧

2024 年 3 月

目录

第一章 大学生体质健康的概述 ·· 001
  第一节　国内外体质健康问题的研究动态 ······························ 001
  第二节　大学生体质健康标准的演变过程 ······························ 004
  第三节　大学生体质健康的指标分析 ···································· 011

第二章 亚健康的形成与预防 ·· 015
  第一节　亚健康概述 ·· 015
  第二节　亚健康的形成与预防 ··· 029

第三章 体质健康锻炼的理论与方法 ··· 034
  第一节　体质健康锻炼的方法与手段 ···································· 034
  第二节　成年人群体体质健康锻炼的方法与手段 ···················· 045

第四章 大学生体质健康的测定与评价 ······································ 067
  第一节　身体成分的测定与评价 ·· 067
  第二节　身体指数在体质健康评价中的应用 ·························· 070
  第三节　肌肉力量耐力素质的测定与评价 ····························· 074
  第四节　心肺耐力素质的测定与评价 ···································· 076

第五节 柔韧性素质的测定与评价 ………………………………… 077

第五章 大学生体质健康与心理健康 ……………………………………… 079
第一节 大学生的心理健康特征 …………………………………… 079
第二节 大学生的心理健康现状 …………………………………… 086
第三节 影响大学生心理健康的因素 ……………………………… 086
第四节 大学生心理健康的标准 …………………………………… 091
第五节 大学生心理健康的维护 …………………………………… 095

第六章 大学生体质健康与饮食、营养 …………………………………… 097
第一节 运动与营养素 ……………………………………………… 097
第二节 运动与能量平衡 …………………………………………… 115
第三节 大学生的合理膳食营养 …………………………………… 126

第七章 大学生的体质健康与行为 ………………………………………… 148
第一节 行为概述 …………………………………………………… 148
第二节 危害大学生健康的常见行为 ……………………………… 151
第三节 养成合理的生活习惯 ……………………………………… 155

参考文献 …………………………………………………………………… 158

第一章 大学生体质健康的概述

第一节 国内外体质健康问题的研究动态

一、国内关于体质研究的现状

当前我国有很多学者对身体健康的相关方面进行了较为全面的研究，他们采用了多种研究方法，调查范围覆盖了各个年龄阶段的人群。在经过研究后所撰写的众多文献中，对大学生身体健康状况的研究文献就有三百多篇，大多采用了调查法进行研究，从体质健康教育和体质健康运动两个方面着手，结合大学生身心健康程度、自律程度和教育改革等方面进行实证分析。

（一）国内关于学生体质状况的研究现状

1980年前后，国外兴起了对大学生身体健康状况方面的研究，我国也在此时开始了对儿童身体健康状况的研究，并号召全国的学者参与其中。学者们在全国多个省市进行了大量调查，并获得许多数据。1985年，我国开始了对学生身体健康状况的调查，同样以全国多个省市为调查范围，测量了中学生的身高、体重、身体机能和心理状况等方面的数据。由于调查频率高、调查范围广，因此得到的关于学生身体健康状况的数据也较为准确。而后国家开始开展对学生身体健康状况周期性的测试，每隔4～7年便进行一次测试，并在一次次测试中不断改进测试方式，测试范围也从学生扩展到各个群体。2000年以后，国家制订了体质健康标准，对学生体质健康测试有了明确要求，规定了哪些项目是学生必测的，哪些是可以选择性测试的。2007年，又对体质健康标准作出了修订，修订后的标准将学生的身体指数和心理健康指数作为重点测量对象。

（二）关于体质健康的研究

在《学生体质健康状况产生的问题原因与对策》文中，田金华、赵慧芳对大学生身体健康状况的发展情况和未来趋势进行了分析，发现大学生身体健康问题总是"高开头""低结果"，即在对大学生身体健康状况的测试中，高年级学生的身体健康状况明显弱于大一大二的学生，他们认为是学校对于不同年级的测量标准有差异、社会对于学生的要求不同以及学生在不同年级生活方式的不同导致了这个结果。在《桂林普通高校大学生身体健康状况分析》中，段文玉、龚飞和杜梅霞运用克托莱指数对大学生身高体重的比例关系进行详细说明，解释了人们常说的肥胖度其实是人体组织密度，由于男生先天肌肉密度大于女生，身体优势高于女生，克托莱系数较高，在运动中更能达到提高健康水平的目的。而女生由于先天力量不及男生，运动只能降低体重。综上所述，男生更容易形成终身运动的意识，在学校组织教学中，教师应对女生运动进行更多的指导，投入更多的关注。

彭发胜对体育运动和学生身体健康问题进行综合性研究，并在《推行"阳光体育运动"后高校学生身体健康状况分析》中指出，大学生身体健康状况水平达到优秀的人数每年都在下降，但是达到良好和合格的人数在慢慢上涨，说明运动对于大学生身体健康水平的提升起到了重要的作用。同时，彭发胜提出，高校在进行体育教学活动时，存在形式过于严肃、课堂结构单一、师生地位差异明显、组织方法和活动方法不灵活等问题。

姚广军、刘欣以黑龙江公布的资料为基础，研究了黑龙江地区学生的肥胖原因，黑龙江地区学生的肥胖人群已经超过了全国平均值，如果不采取一定措施，那么在该地就读的大学生很有可能会直接成为黑龙江省的主要肥胖群体。他们通过研究发现，黑龙江地区女大学生的身体素质差主要表现在腿部力量和腰部力量两个方面。这主要归由于女大学生的减肥方式是以节食为主，而不是通过体育锻炼，黑龙江的天气情况也直接影响了大学生的体育锻炼频次，女大学生控制身材应该通过科学饮食与体育锻炼相结合的方式，科学的控制身材，而不是一味地控制饮食。

大学生参加体育活动的目的基本是为了学分。这也正是长春市的部分学校不注重体育课程的原因，而且学生参加体育课的目的主要是放松心情，并不是为了自身健康。

二、国外关于体质健康的研究

国外针对不同的人群展开的不同的研究，主要是研究影响体质健康的各种因素。相对于国内而言，国外更加注重体质健康与体育活动之间的关系研究。

第一，美国很重视国民的体质健康。有些研究认为，体育运动与体质健康之间的关联性不强。安徒生（Andersen）、肯珀（Kemper）认为原因是美国现代儿童的基因决定了体质健康，美国目前没有做与具体儿童的体质健康情况的研究，在人类进化中，体质健康逐渐与体育活动脱节，基因往往决定了儿童的体质情况，所以，有些专家认为美国当前的体育活动并不能对儿童的体质健康做出改变。

第二，日本有关体质健康的研究涵盖了以下五种观点：一是体质健康与基因和生活环境有关，二者直接决定了人类的体质健康。二是体质是个人身上的一个固定特征，无法通过医学等方式做出有效的改变。三是体质健康是由遗传和生长环境结合而成，是每个人身上的具体特征变换。四是遗传因子受到周围环境影响会改变，从而决定本身的体质。五是体质是由生活环境所导致。

综上所述，体质的好坏是由生活环境、体育活动引起的，还是由先天遗传基因引起的，到目前还没有一个完整的结论。

第二节 大学生体质健康标准的演变过程

一、《国家体育锻炼标准》实施阶段（1975年—1990年）

为了普及体育锻炼，1974年就颁布了相关政策法规。

第一，1974年，我国开始研究关于体育锻炼的相关政策；1989年，我国发布了有关如何快速实行体育政策全民化的相关文件，文件规定了中小学生的体育锻炼标准，这一政策的实施让我国中小学生的体质得到了一定程度的提升，对学校方面也有一定的指导作用，规范了体育课程，文件面向我国普通民众应该如何进行科学锻炼提出了建议。同时，学校体育设施的改善，也提高了学生对体育的兴趣。

第二，1989年，国务院颁布的《国家体育锻炼标准》中明确规定了学校的体育锻炼标准。首先，体育锻炼需要在中小学生的体育课中全面实行。其次，体育课需要与现在中小学生的体育课和课外活动密切结合。文件规范了中小学生的体育锻炼，也规范了学校的工作。

第三，在锻炼标准的实施阶段，我国进行了改革创新，这个阶段是我国社会发展的黄金阶段，经济实力和国民生活水平都在提升，科技技术逐渐成为我国的主要生产力，人们接触电子产品的机会越来越多。中小学生本应该进行锻炼的时间被消磨在电子产品上，导致现在我国中小学生体育锻炼时间变少，进而导致我国中小学生体质下降。

二、《大学生体育合格标准》实施阶段（1990年—2002年）

早在1984年，我国在成都召开会议，讨论有关大学生体育标准的实施计划，并相继在全国重点体育院校实施。此项决策对全国的高校都有影响，带动了全国高校的体育锻炼。

1985年,体育总局在广东召开会议,会议的主要内容是研究高校的体育锻炼标准以及探讨起草的文案是否有漏洞并对文案进行优化。会议结束后,体育总局相继在全国高校收集意见。

1990年,体育总局再次召开会议,主要内容是如何进行科学的体育锻炼。同年春季,国务院就发布了相关政策,体育锻炼正式步入轨道,为大学校园提供了锻炼标准。同年十月,国内大部分高校实施相关政策,预示着大学生的体质会有所改变。这一政策一直影响到现在,丰富了大学生的业余生活。

1992年,我国体育总局对相关文件进行优化补充,这是以大学生的体质状况改变为基础进行的补充,大学体育课程直接关联学生的学分情况,对体质好的大学生进行奖励。

三、学生体质健康标准实施阶段(1990年—2007年)

这个标准是由我国体育法明确规定的。在当今社会中,经济高速发展,科技也在进步。首先,人民生活条件改善后,人们的身体营养过剩,常常对饮食健康方面没有过多的要求,而我国相当一部分人现在是处于"亚健康"的阶段。综上所述,我国的经济发展水平影响了我国人民的身体健康。

第一,我国现在因为身体素质原因感染疾病的人群正在呈线性增加。这直接反映出我国国民目前的体育锻炼少、饮食不规律等问题。当前年轻人因为工作和社会生存等方面的原因,出门时间少,睡眠时间短,容易引起肥胖等不利于自身身体素质的问题。

第二,过度饮食。国家的科学饮食文化没有进行深入的宣传,这就导致了学生群体的亚健康形态。为了保证国民安全和学生安全,国家对目前人们生活质量的变化和饮食习惯的变化进行研究并出台了相关政策保证学生饮食健康和学生体育时间,这对学校的工作和学生的饮食都有一定的影响。

第三,《体育健康标准》的影响巨大,这项标准预示着学校改革必然会取得重大成果。这项方案到目前仍然不够完善,部分学校还是与原来一样,只要学生的体育成绩达标就好。所以,在实行这项方案的过程中,要找到漏洞,并逐一进行完善。

四、《国家学生体质健康标准》实施阶段（2007年—2014年）

在国家制定的体育锻炼标准里，该标准是在各类院校中被要求严格实施的重要方针，更是国家对中国青年在健康方面的达标准则。这项由国家制定的体育锻炼标准的要求对象是全体在读学生，包括小学、中学及各类院校的学生。

随着时间的推移，任何事物都在不断地发展与改变。由此，相关部门通过总结执行学生体质达到标准后得到的经验，利用相关数据对其进行修改与完善，最终《国家学生体质健康标准》正式出台。在这准则中，相关部门添加了测试项目，对相关的评分标准进行了一系列的调整，严格要求国内所有相关学校于2007年正式施行该项标准。相关部门特邀有关专家，对该标准相关内容提供可供参考的解读，详尽地介绍了标准内的文件与评分表，并将研制该标准时的有关思路和相关措施的重要性一一告知，分析了表中的结构成分和有关操作的方法，仔细划分了标准相关措施的负责人，并对表中提及的数据与锻炼方法做出了解析，使标准能够更好的被实施。该标准于2007年9月1日正式启用，要求各类院校对新入学的学生严格实施相关制度。该标准的目的是为了研究学生的健康情况和有关的锻炼效果，并给予一定的评价标准。身心健康与社会的适应程度都是健康的相关概念。此项标准中包括了与体育项目相关联的内容。

若更进一步分析该标准的全称，可以发现这是我国对于国内各个年龄段的学生做出的健康基础考究，目的是提高在读学生的体质素质，鼓励在读学生自主完成体育锻炼，更是对在读学生身体健康的评价标准。最新出台的版本中，依旧以"健康第一"作为指导思想，利用相关制度中的有效经验，再与时代发展与学生自身的素质情况相融合，在已有的标准中添加了效果更好且更易于实现的相关项目，以促进在读学生主动进行有关的身体锻炼，以此提高学生的身体素质水平，使身体可以更好的成长发育，各项机能能够全面均衡发展。

五、《国家学生体质健康标准（2014年修订）》

教育部在2014年7月18日，完成并发布了最新完善的健康标准。该标准明确指出，各类院校每一年都需严格按照标准对各年龄层的学生进行相关的工作，对每位学生进行年内的评分与等级划分。具体要求见表1-1。

最新出台的标准所要求的对象面向全体在读学生，包括小学、中学以及各类专业院校，并以年级作为基准，将学生们划分在不同的组别内，如身体的体态、肺活量数值高低等有关身体素质的指标，则是各个组别内的共性指标。

表1-1 国家学生体质健康标准（2014年修订）单项指标与权重

测试对象	单项指标	权重（%）
小学一年级至大学四年级	体重指数（BMI）	15
	肺活量	15
小学一、二年级	50米跑	20
	坐位体前屈	30
	1分钟跳绳	20
小学三、四年级	50米跑	20
	坐位体前屈	20
	1分钟跳绳	20
	1分钟仰卧起坐	10
小学五、六年级	50米跑	20
	坐位体前屈	10
	1分钟跳绳	10
	1分钟仰卧起坐	20
	50米×8往返跑	10
初中、高中、大学各年级	50米跑	20
	坐位体前屈	10
	立定跳远	10
	引体向上（男）/1分钟仰卧起坐（女）	10
	1000米跑（男）/800米跑（女）	20

如若是学生由于自身疾病等不便情况，在最新修订的标准中亦做出了相关要求，此类学生可以向学校提交医疗证明，经过相关部门的有效核准后，通过暂缓或者免除标准的申请。此类学生依旧可以进行相关的评优、评奖工作，但

其毕业时，需声明其成绩明已被免测。

接下来我们对新修订标准的变化进行分析。

（一）从测试项目内容方面比较分析《国家学生体质健康标准（2014年修订）》的变化

将2014年新修订的标准与早期的标准进行比较后，我们可以发现：新修订的标准撤销按年级分配的选测项目，把所有项目变为必须检测的项目。若我们对早期的标准中所包含的选测类项目做进一步研究，可以发现每种级别内的选测项目其实并没有相关性。我们在选测项目中，单独把中学和大学的拿出来作比较。

首先，我们从男女生在长跑与台阶试验两个项目进行选择中发现，长跑项目的目的在于检测男女生在一定时间内快速运动的能力。这种能力对应的是耐力素质，由此项检测的结果可以了解到学生们有关呼吸系统的机能和他们肌肉的耐力。反过来看台阶试验，台阶试验指的是随着有规律的节奏在固定时间内分别进行上下踩踏台阶。其中男女生对应的台阶高度分别为30cm和25cm，高度相差5cm，时间为3分钟。在测验结束1分钟后，让学生以坐姿检测心率，每次检测30s，共检测3次。台阶测试的数据反映的是学生在进行运动之后心率的相关变化情况，因为心肺适应度差的学生运动后恢复期心率偏高，所以该检测可以看出学生自身的心肺功能的好坏。

其次，我们可以观察关于坐位体前屈、实心球、握力指标及男女生不同项目的选测内容。首先，通过坐位体前屈的相关数据可以得出学生在非动状态下躯干等关节的运动幅度数据，从而达到了解学生身体有关部位的柔韧性目的；实心球项目则可以了解学生身体的协调度及爆发力；仰卧起坐是依靠腹肌运动带动髋部肌肉的运动，这类运动可以反映出两种肌肉的耐力素质；引体向上可以反映出学生的上肢部的力量大小，主要原因是在进行此类运动时，以手臂躯干的拉力做功，而握力指标的检测可以得到学生们每公斤体重对应的握力数值，且该项指标与肌肉相对力量相关联，可以显现出握力指标对应的关学生上肢部肌肉的能量，同时亦和其他相关肌肉组织有关联，总体上可以显现出学生的肌肉总体力量。

最后选测六个项目分别是：立定跳、五十米短跑、跳绳、篮球、排球垫球以及足球颠球，从中选择一个项目进行测试。立定跳主测学生的整体协调能力以及下肢的瞬间爆发力；五十米短跑测试学生反应速度、神经敏感度；跳绳主测下肢的瞬间运动爆发力以及自身整体的协调能力和水平；篮球主测学生在篮球基础技能上的运用和整体的身体素质状况；排球垫球主要为了测试排球基础技能的运用以及整体的身体素质；足球颠球主要为了测试学生的足球基础技能运用以及整体的身体素质。

综上所述，每类选测项目关联性不大，这种情况会使学生选择自身擅长的选测项目，这会导致学生的身体素质状况不能被真实的反映出来。经过分析也可以了解到即使测试的项目较多，但是选测项目仍占大多数，不同的学生对不同项目的参与度是不同的，并且各项必测项目都是新的，测试的项目颇多，为了全面的体现学生整体身体素质，只有让学生在积极的体育运动中全面提高身体素质。

2014年修订的《国家学生体质健康标准》规定，在固有的身高、体重以及肺活量等测试类项目的基础上，又增添了坐位体前屈、五十米跑等身体素质类的测试项目，以作为不同年级的相同性指标。学生的体侧标准本就囊括身体素质、形态与机能三个方面，由于以前的测试标准不高，不能很好地检测低年级组的身体素质水平，当前新版标准能更加全面地将每个学生的体质状况呈现出来。

（二）从测试评分标准方面分析《国家学生体质健康标准（2014年修订）》的变化

通过和以前的测试评价标准相比，在各年级的测试项目得分中的变化规律是大体相同的，唯一的区别就是较高年级的标准要求偏高一些。

2014年重新修订的《国家学生体质健康标准》与之前版本的《国家学生体质健康标准》作比较，两者在测试的评判标准上也是大有不同，在各项分数的评判是采用正态分布的规则，就是所谓的八十五至七十的中间段人数占比最多，低分和高分的学生是比较少的。目前，高校大学生的身体综合健康素质一直呈现出偏低趋势，倘若仍参考以前的评判标准，那么大多数的学生是不及格的，此套评判规则也就失去了它原有存在的意义。所以2014年重新修订的《国家学生体质健康标准》中绝大多数的体测评判标准都是呈降低的趋势。

　　2014年修订的《国家学生体质健康标准》规定标准分加附加分共同构成一学年的总分之和,一学年满分是一百二十分。接下来对附加分的形成做一个阐述:高校大学生和普通中学生的优等指标是女生组的一分钟仰卧起坐测试与男生组的引体向上测试,附加分值情况为十分,倘若该学生的单项测评成绩优秀,分值超一百分,便采用超过次数相对的分数酌情加分。女生组八百米跑与男生组一千米跑作为另外一项较低的附加分测试项目,附加分值同样为十分,若该学生单项测评成绩在一百分以下时,用相对应减少的秒数实行加分。学生的体测评定等级标准有如下几个分类:优秀标准为九十分以上;良好标准为八十至八十九点九分;及格标准为六十至七十九点九;不及格标准为五十九点九及以下。

　　据2014年修订的《国家学生体质健康标准》规定指出,高校学生的体育测评等级须达到良好或者良好以上,才享有参加评奖、评优的资格;体测评比的等级需要到达优秀标准才能享有奖学金的资格。该生体测不达标,即所谓不合格,准许在当下学年内进行一次补测,若补测后仍为不合格,则该学年度的成绩评定为不合格。中等职业技校、普通高中以及高等学校的学生,在毕业时是否取得毕业证书取决于2014年新修订的国家学生体质健康标准规定,体测评比的测评总成绩不能低于五十分,否则按照肄业或者结业进行毕业处理。

(三)比较教育部制订的学生体质健康标准

　　2014年修订后的版本对参与者的体测结果要求方面,由于每个地区的环境、学生素质等方面有差异,修订前体质健康标准中部分项目在不同地区实施所遇到的情况不一致,有的地区实施容易,有的地区实施困难,若有一个项目不能实施,也没有能代替该项目测试效果的另一项目,在所有项目中只有部分项目能具体反映学生的体质情况,因此修订前的体质健康标准在某些方面有所缺。经过修订后,教育部对体质健康标准中的选测项目作出了取消的决定,规定所有项目均为必测。在修订前,体质标准中规定男生测试项目为掷实心球和台阶测试,经过修订后,规定引体向上和1000米跑为男生测试项目。修订前的项目对于学生来说得分更高,修订后的项目则更能反映学生的身体肌肉的爆发力、耐力，便于教师更好地判断学生体质健康状态。在修订前，女生与男生的测试项目均为掷实心球和台阶测试，经过修订后，将女生的测试项目更替为仰卧起坐和800米跑，因为男女先天身体素质有差异，女生较男生来说爆发力较弱、力气较小、灵活度更高，仰卧起坐更符合这种差异，能切实反映女生的敏捷性、灵活性和身体柔韧性。

第三节 大学生体质健康的指标分析

一、体质健康指标的概念

我们观察人的身体健康并对健康程度制定详细的标准，这个标准也就是体质健康指标。什么是体质？体质是人体在遗传基因调节和为适应后天环境作出的改变后表现出的形态功能以及发育是否异常、身体机能是否正常、器官是否完整等的一种情况。什么样的体质才算健康？一个人的体格正常、身体机能正常、身体适应性强、身体抵抗力强和心理状况健康便是体质健康。一个人的体质是否健康，是由遗传基因和后天环境共同决定的，生活环境是否良好、平时是否运动和物质生活条件是否健康都是影响体质健康的因素。学校开设体育课的根本目的便是增强学生体质。教师应利用学校提供的环境和设施，针对每个学生的状况，指导学生健康成长。评价一个人的体质是否健康，一般通过观察学生运动情况，测量身高、体重、视力，结合测量器官机能运转状况和学生对疾病的抵抗力来判断。身体形态通常指身体发育情况、身体姿势等，具体表现为身高、体重等。身体机能是指人体内部器官机能的好坏，具体表现为心跳、肺活量等。一般采用百分位数法、离差法等来测量身体机能和形态，也可以通过测量身高、体重和脉搏等数据来了解一个人的身体机能和形态是否良好。

二、大学生体质健康指标研究

（一）生理健康指标

对于如何研究大学生体质健康和用什么方法来进行研究等问题，不同的学者有不同的看法。学者李强在这个问题上，把研究对象体质健康分成四种状态，即健康、基本健康、可能感染疾病和处于疾病。在测试时会将学生生命六大系统及体表状态作为指标进行研究分析。并且将学生的四种状态和测试指标结合在一起组成矩阵结构，以方便评价学生体质健康。倪湘宏研究练习健美操对学生的体质健康是否有影响时，将心跳频率、肺活量和身高等作为研究指标进行衡量。张一兵、谈军在进行上饶师范学院学生体质健康的研究时，同样将身高、脉搏和肺部功能状况作为研究中的重要指标。无独有偶，梁建桃同样也把身体机能变化、体质健康状态和对疾病的抵抗力等作为研究大学生体质健康的重要指标，其中体质健康和身体机能包括胸围、心跳频率、身高和体重等。

综上所述，大部分学者在研究大学生体质健康时主要从三个方面进行研究：第一是身体形体，即学生身高和胸围等。第二是身体机能方面，即心跳频率、肺活量等。第三是身体运动能力，即敏捷度、耐力和爆发力等。

（二）心理健康指标

新时代的大学生，从心理学的维度来观察，他们心理特点的外在行为表现有：容易冲动产生情绪化的行为、随时改变、拥有多元价值观、心理承受能力脆弱等。这些特点导致大学生存在许多心理问题。根据相关文献资料，受过高等教育的大学生同样也有心理疾病。中国网络电视台曾作出报道："我国不到5%的大学生表示自己心理没毛病，大部分学生认为自己可能有心理问题，30%左右的大学生认为自己偶尔受到心理问题困扰，另外有3%左右的大学生表示平时没思考过这个问题。"当被问到心理健康最典型的特征有哪些时，多数人认为排第一的是阳光向上、遇事处事乐观、拥有正能量。其次是和同学、老师友爱相处。心平气和、处事淡然排第三位，排最末的是吃得下饭、睡得着觉。从以上调查可知，必须重视大学生心理健康问题，因为人才是国家第一资源，大学生是新时代人才，关系着新时代的建设和人才战略计划的实施，关系着中国梦的实现和国家的复兴。

1. 大学生心理健康的相关要求

国内的专家学者关于心理健康评价标准的问题一直仁者见仁、智者见智，目前尚未形成统一的标准,导致对大学生心理健康的正常干预和诊断拖延。根据大学生的心理特征和日常生活表现以及他们作为社会上特殊的角色的要求和结合心理学科的知识,以下几个方面是大学生心理健康的最基本要求:①正常人的智力水平,有学习兴趣。学习是大学生的主要任务,心理健康的大学生明白自己该做什么,有比较好的学习态度和较强的求知渴望。②能够平衡情绪,保持良好的心境,保证情绪正常不失控。心理健康的人能够直面问题,不逃避坏情绪,能主动化解坏情绪,用正面情绪战胜负面情绪,从而使自己情绪平衡,保证自己的情绪不影响家人、朋友、同学,不把垃圾糟糕的情绪传给其他人,不做情绪的奴隶。③和谐的人际关系是心理健康的最直观体现。心理不健康的大学生总是不善于沟通,以自我为中心,而心理健康的大学生能够很好地处理与老师、同学的关系,从中获得快乐。他们对师长、同学总是抱着信任的态度,心胸宽广,不会纠结别人犯的小错误,能够看到他人的优点,能够反求诸己,有集体荣誉感,有团队精神,懂得谦让他人,但也会让自己的优点被别人看到,从而交到真心的朋友。④完整统一的人格。人格完整需要各个要素相统一,要在人生观、价值观等各方面达到统一。心理健康的大学生要有正确的认识,做到所思所做相统一,不产生不同的人格。⑤自我认知正确,所有的人格优点都是建立在正确的认知上的。如果认知不足、有偏差,又怎么会是一个心理健康的人?先拥有正确的自我认知,再去发展其他优点、特质,再去践行正确的人生准则。⑥能很好地适应社会,要和社会产生良好地互动,思想与行动应该与时俱进,要具有自我革新的意识。当发现自我需求意愿和社会需要背道而驰的时候,可以重新审视自我需求和意愿,做到与社会发展协调一致。

2. 大学生心理健康测量工具的现状

目前,心理健康测量国内外多使用以下几种量表:症状自我评价量表、多相人格问卷、抑郁自我评价量表、心理病综合评价表等。这些量表有助于临床心理学研究,可以用来评定心理障碍或疾病的严重程度。但通过综合分析还能发现这些量表有其局限性。

(1)文化差异问题。近年来,国内和西方的社会背景和文化都有很大的不同,所以国外的测量表即使直接用于国内也会产生效果偏差,西方的量表不一定适合中国。有些专家也在此基础上进行了一部分修改,完善了欧美量表缺乏的普遍性不足问题。欧美的量表以他们自己的精神文化、国家环境、文化知识为基础,与中国文化中所看重的理念、态度差异巨大,因此,编制符合中国国情和文化的学生心理健康量表势在必行。

（2）测量对象的适用性问题。其中心理健康量表中有一部分是针对重症心理问题患者的,而大学生是知识渊博、生龙活虎的群体,可能遇到的心理问题只是少许精神疾病,并不适用大多数发展性问题。大学生是否适用临床测量工具测试并由此诊断他们的心理健康状况倒值得商榷。

（3）量表所反映的心理健康内容的局限性。目前缺乏综合性覆盖面广的量表,目前量表反映的都是大学生心理健康的某一问题,并不能全面分析大学生的综合心理健康。由于客观条件的限制,我们没有时间和精力去开发所有种类的量表来对大学生的心理健康进行评估,因此,选取一定的能够反映大学生综合心理健康的指标的量表,是当前大学生体质健康管理系统开发中的一个关键问题。

总而言之,受到客观条件如相关标准规则、体系不完善的局限,现在出现的问题在于仅有身体形态、机能和素质指标,在对体质健康指标进行研究时,很少有对个体心理健康的探讨。众所周知,体质是人的有机体在遗传变异和后天获得性的基础上所表现出来的机能和形态上相对稳定的特征。在体质健康的组成中,心理健康也是重要的组成成分。随着社会的快速发展和学习环境的不断变化,大学生心理健康在体质健康体系中的比重也在不断加大,已逐渐成为影响当代大学生完成学业和健康成长成才的关键因素。因此,本研究在有效吸收和科学甄选适合大学生群体现有的体质健康指标的基础上,综合运用了访谈、调查等方法开发和检验新的符合大学生体质健康要求的体质健康指标,这也是本研究实施的关键所在。《国家体质健康标准》是经过专家长期研究论证形成的适合全体国民的体质健康标准,对大学生身体健康指标的选取,可初步遵循《国家体质健康标准》指标,最后由相关专家结合大学生群体的特点来评价确定即可。而对于大学生体质健康指标中的心理健康指标和社会适应指标,则需要在已有相关研究的基础上进行综合性分析,通过编制问卷进行较大范围的调查来确定。

第二章　亚健康的形成与预防

第一节　亚健康概述

亚健康理论是国际医学界20世纪80年代后半期的医学新思维，亚健康状态是近年来医学界提出的新概念。经过国内外科学家持续的研究与探索，认为在健康与疾病之间的确存在着一种非健康也非疾病的中间状态。当处于这种状态时，人体活动能力降低、反应能力降低、适应能力降低和免疫功能下降，容易患疾病。预防和消除亚健康，是世界卫生组织（World Health Organization，WHO）提出的一项预防性健康策略。当前，"减少风险，延长健康寿命"已成为全世界所有国家面临的任务。世界卫生组织在2002年世界卫生报告中指出，威胁人类健康最大的危险不是具体的疾病，而是体重过轻、不安全的性行为等十大风险因素，这些因素导致的死亡合计占世界范围全部死亡人数的1/3以上。在中美洲和南美洲等地区，烟草、酒精、血压、胆固醇和肥胖五大因素造成的疾病负担至少占总负担的1/6。报告同时指出，政府在提高健康水平方面具有指导作用，需要将大量人力物力投入风险预防，以利降低未来可避免的死亡率。世界卫生组织在1996年《迎接21世纪挑战》报告中指出：21世纪的医学不应该继续以疾病为主要研究领域，而应该以人类和人群的健康为主要研究方向。正确认识健康的内涵，保持人体健康状态，干预亚健康状态，降低发病率将成为全世界今后研究的重点课题。

据中新社北京 2009 年 12 月 6 日报道，中国内地城市白领人群中有 76% 处于亚健康，接近六成处于过劳状态，35—50 岁的高收入人群中，生物年龄平均比实际年龄提前衰老 10 年，健康状况明显降低。这一数字由《中国城市白领健康白皮书》披露，这一由中国医师协会、中国医院协会、北京市健康保障协会、慈铭体检集团联合发布的调查报告称，该群体中有八成饮食睡眠不规律，每天感觉比较疲倦；23.7% 的人不能保证吃早餐；超过 1/5 的人经常吃快餐，无法保证蔬菜水果的正常摄入；超过 54.4% 的人感觉睡眠不足；另外有 32.4% 的人睡眠质量不高；只有 64% 的人偶尔运动。此外，还有超过半数的人感到烦躁，20% 的人心理孤独，七成以上缺乏快乐和满足感。

健康是人们生活、学习和工作的基础，同时也是生活质量的保证。由于现代科学技术的发展和社会文明程度的提升，人们对于健康的认识已从单纯生物学的观点转向结合社会学、心理学等综合科学来研究人的健康状况。这种认识上的改变，使人们对人体健康的理解发生了深刻的变化。基于新观念的形成，人们同时也认识到人体健康的标准对于大多数人来说并未达到，而是处在一种并不是疾病状态的"亚健康"状态。这种亚健康状态在国外亦称"第三状态"或"灰色状态"。

一、亚健康的概念

1977 年，世界卫生组织将健康概念确定为"不仅仅是没有疾病和身体虚弱，而是身体、心理和社会适应的完善状态"。这就充分表明健康在生物属性方面不单纯指人体没有病痛，还强调人在气质、性格、情绪、智力等方面的完好状态。在社会属性方面还要求人们的社会活动、人际关系、社会地位、生活方式正常。在环境、物质和精神生活的满意度等方面也属正常。

自 20 世纪 80 年代以来，我国医学界对健康、疾病也开展了一系列研究，研究表明：当今社会有一个庞大的群体，身体有种种不适，而上医院检查又未能发现器质性病变，医学没有更好的办法来治疗，这种状态称为"亚健康状态"。"没有疾病但却感觉不健康，处在健康和疾病之间"，这就是"亚健康"的定义。

亚健康是指机体并没有发生器质性的改变，但呈现出机体活力降低，适应性呈不同程度减退的一种生理状态，即机体结构退化和机体各系统生理功能减退的低质与心理失衡状态所导致的介于健康与疾病之间的一种状态。1994年，美国疾病控制中心将亚健康状态命名为"慢性疲劳综合征"，其症状的表现形式多种多样，但主要表现为生理性和心理性两个方面。生理性症状为：困倦易睡、浑身无力、面容憔悴、胸闷气短、四肢麻木、面部浮肿、虚汗、功能减退、心律不齐等；心理性症状为：注意力不集中、记忆力下降、烦躁不安、萎靡不振、多梦易惊、紧张恐惧等。

众多研究表明，亚健康状态主要由四大要素构成：①排除疾病原因的疲劳和虚弱状态，②在健康与疾病之间的中间状态或疾病前状态，③在生理、心理和社会适应能力上欠缺完美的状态，④个体表现出与年龄不相称的组织结构和生理功能的衰退状态。处于亚健康状态的人尽管没有明显的器官、组织和功能上的病症和缺陷，但常常自我感觉不适，疲劳乏力、反应迟钝、活力降低、适应力下降，并经常处在失眠、抑郁、焦虑、烦躁、无聊和无助的状态中。因此，亚健康状态使人徘徊在健康与疾病的边缘，生理功能处于低下的状态，而不良情绪使机体处于一种持久和过度的应激状态中，如不加以预防和改善，将会导致机体整体功能的改变，使人体进入疾病状态。

二、亚健康的表现形式

医学专家以世界卫生组织新的健康理念为依据，将亚健康状态划分为四种类型：

（1）生理亚健康。主要表现为过度疲劳造成的精力、体力透支。由于竞争激烈，人们用心、用脑过度使得身体主要器官长期处于入不敷出的非正常负荷状态，导致身体出现疲劳乏力、虚弱、失眠、头昏、周身不适、性功能下降和月经周期紊乱等症状。

（2）心理亚健康。主要表现为由于心理压力过大而产生的脑力疲劳、情感障碍、精神萎靡、记忆力减退、焦虑烦躁、思维紊乱的状态，他们往往会自卑、神经敏感，以及神经质、冷漠、孤独、轻率，有的人甚至产生自杀念头。

（3）社会适应性亚健康。主要表现为对工作、生活、学习等社会环境难以适应，对人际关系难以协调。

（4）道德品行亚健康。主要表现为世界观、人生观和价值观上存在着明显的损人利己的偏差。工作、学习上不思进取，嫉妒心强。

三、亚健康状态调查

目前，我国已在许多大中城市开展了健康问卷评定量表等形式的调查。据北京、上海、长沙、无锡、深圳、成都、泸州等城市的调查表明：不同人群的亚健康发生率不同，成年人群（30～50岁）发生率最高，女性发生率高于男性；职业分布多见于高级知识分子、大中学生、企业管理者、脑力劳动强度大的白领阶层；越是在大城市，在经济发达、生活节奏快的地区和行业，亚健康状态的发生率就越高。在一些地区的特定人群（如教师、高级知识分子、企业管理经营者）中，亚健康发生率已经达到60%以上。处于亚健康状态的人群在我国城市社会总人口中不少于30%，已超过其他疾病的总和，亚健康已经成为影响我国国民生活质量的重要因素。

（一）亚健康问卷调查的研究

亚健康已经成为国内预防医学、临床医学、社会医学等领域广泛关注的问题，亚健康是处于疾病和健康之间的状态，严重影响着人们的生活质量。我们通过问卷调查，获得了包括健康人群和亚健康人群在内的近4 000人的数据，用多次样本聚类分析发现，该样本可区分为健康人群、典型亚健康人群与处于二者之间的模糊人群三类。通过对亚健康人群的研究，学者们还提出了亚健康分期、分类、常见表现以及中医基本证候、中医主要病因病机等初步结果，同时建立了亚健康与健康人群区分的方法和模型。研究结果得到了学术界的认可，也在其他一些项目中得到了应用。

（二）问卷的设计思路与遇到的问题

1. 亚健康概念理解与测量

通常来说，学术界对亚健康的定义是"持续3个月以上反复出现的不适状态或适应能力显著减退，但无明确疾病诊断，或有明确诊断但所患疾病与目前状态没有因果关系"。所以亚健康的测量是在排除疾病诊断后，主要测量"不适状态和能力减退"的情况，同时考虑到亚健康的产生与人的禀赋和环境（自然、社会）有关，所以增加了相关的域。此问卷所建立的亚健康测量域体系包括不适状态、能力减退、禀赋、环境四个方面，并进一步分为躯体状况、情志状况、生活状况、精力状况、禀赋状况、社会环境状况六个结构，共124个条目。

2. 在问卷中引入WHO生存质量简表条目的积极意义

本问卷在建立条目时吸纳了世界卫生组织生存质量简表的全部29个条目，此举一则丰富了相关条目，二则也为亚健康测量时的验证和对照奠定了基础，对这部分条目可以单独进行分析。

3. 问卷中判断中医证候的条目

由于我们要研究亚健康的临床特征及其中医基本证候，在中医理论指导下，对有共同特征的亚健康人群的功能状态进行概括和描述，形成中医的基本证候判断，为中医的治疗和干预奠定基础。由于对证候的判断需要舌脉等信息，因此问卷中的访谈部分以及与健康情况判断有关的内容，需由具备一定资质的中医师来配合完成。如果在应用时不需要中医证候研究，则可以去掉此部分内容，不会影响对健康状态的测量。

4. 问卷测量结果的应用

本问卷可以用于亚健康人群的判别、对亚健康程度进行说明，也可以分别对亚健康原因作初步分析，还可用于对生活不同方面进行深入分析。大样本的判断是通过反复聚类和隐结构模型等方法获得临床流行病学调查或个体亚健康状态的判定，该问卷内容结构已经建立了相关的数学模型，在计算机中输入该问卷内容，以被测者自填为主，再做出亚健康判断、问卷条目编码和相应的测量数据，通过模型计算可得出，需要对被测者进行严格的医学检查，排除疾病，比较容易得出结果。其中患有某些疾病的人，则需有经验的医生对这些疾病与当前状态的因果关系作出判断。

四、亚健康状态研究

亚健康状态在经济发达、社会竞争激烈的国家和地区中普遍存在，人数一直呈逐年增加的趋势，成为国际上医学界研究的热点之一。亚健康概念的提出并非偶然，正是现代人注重健康，重视在疾病前防范其发生、发展的健康新思维的充分体现。虽然亚健康在症状上表现的是医学领域的问题，但从整体看，它与社会环境、经济文化、心理因素及自身体质密不可分。亚健康状态是在不断变化发展的，既可向健康状态转化，也可向疾病状态转化。究竟向哪方面转化，取决于自我保健措施和自身的免疫力水平。向疾病状态转化是亚健康状态的自发过程，而向健康状态转化则需要采取自觉的防范措施，加强自我保健，合理调整膳食结构等。需要指出的是，亚健康过程有着较大的时空跨度，对它的研究还处于起步阶段，若干问题还有待探索。由于人们在年龄、适应能力、免疫力、社会文化层次等方面所存在的差异，亚健康状态的表现错综复杂，较常见的是机体活力、反应能力、适应能力和免疫力降低，出现躯体疲劳、易感冒、稍动即累、出虚汗、食欲不振、头痛、失眠、焦虑、人际关系不协调、家庭关系不和睦、性功能障碍等症状。亚健康的表现形式主要有慢性疲劳综合征、信息过剩综合征、神经衰弱、肥胖症等。

20世纪70—80年代，美国对疲劳综合征进行流行病学调查发现，人群中14%的成年男性和20%的妇女表现有明显的疲劳，人数约为300万—500万，其中1/8发展为慢性疲劳综合征。英国的调查结果表明，约20%的男性与25%的女性总感觉疲劳，其中约1/4可能为慢性疲劳综合征。目前，慢性疲劳综合征的发病人数呈逐年增加的趋势，美国发病人群多集中在社会经济地位较高的年轻白人中，其中医务人员，尤其是护士群体，其发病率高于一般人群。日本国立公共卫生院最近在政府支持下，进行了一次有史以来规模最大的有关疲劳的专题调查研究。在全国5000余名15～65岁人士中，表示目前正感到"非常疲劳"的竟高达60%，其中因学习压力过重、工作量大、家务重、精神紧张的占了44%，还有36%的人说不出原因。目前日本的自杀率、离婚率和暴力犯罪率居高不下，与人群中普遍又持续的亚健康状态息息相关。在国内，广东省教育工会报告的一项调查显示：广东省高校教师中有七成处于亚健康状态，亚健康人群常存在"六高一低"的倾向，即存在接近疾病水平的高负荷（体力和心理）、高血压、高血脂、高血糖、高血黏度、高体重，以及免疫功能偏低。

由于亚健康问题的研究刚刚起步，目前还面临着许多问题，其中最突出的有以下几点：

（1）对导致亚健康状态的确切病因、发病机理、危险因素等没有达成共识。现在的研究表明，亚健康是多种致病因素综合作用的结果，既有社会学、心理学因素，也受环境、生活方式和遗传学因素的不良影响，是多因素作用的结果。然而具体的发生机理、危险因素仍不明确。

（2）诊断标准未统一。关于亚健康状态，尤其是慢性疲劳综合征的诊断标准系统，美国和澳大利亚于1988年，英国于1991年，日本于1993年相继制定出了诊断标准，各国在诊断标准上都有一定的区别。我国亚健康研究起步晚，各地关于亚健康的诊断没有统一，照搬国外的标准，不符合中国国民的身体素质特点，有可能在诊断上存在偏差。因此，有必要达成全国乃至世界范围的统一标准，这样有利于更好地开展研究和治疗。

（3）治疗上缺乏针对性。现在有关亚健康的研究多数局限于高等教育人群和高收入人群，而对整个社会人群亚健康状态的研究仍然较少，对亚健康的干预与治疗仍缺乏规范、行之有效的治疗方案。

我国学者对高校学生的亚健康问题进行了初步的调查与分析。

（一）高校学生"亚健康"状态的调查

1. 躯体"亚健康"的调查

在生活中躯体亚健康是"亚健康"的主要表现形式。因为躯体"亚健康"的特征较容易感觉和体验。所以,首先引起注意的就是躯体的"亚健康"。其主要表现为身体没有疾病但感觉不舒服,具体表现为过度疲劳造成的精力、体力透支。由于竞争激烈,使人们用心、用脑过度,使得身体主要器官长期处于入不敷出的非正常负荷状态。导致躯体"亚健康"的原因主要有:疲劳乏力;身体虚弱;失眠;头昏;虚汗;周身不适;月经周期紊乱(女)。

调查结果表明,导致高校学生躯体亚健康的原因主要是:①身体疲劳乏力,男女学生分别占调查总人数的61%和53%;②失眠,男女学生分别占调查总人数的57%和45%;③周身不适,男女学生分别占调查总人数的51%和43%。另外,在被调查的7个项目中,竟有5个项目的亚健康状态达到40%以上,说明高校学生中存在躯体亚健康状态的现象较为普遍。

2. 心理"亚健康"的调查

由于高校学生的阅历和自控能力有限,容易接受一些不健康的内容。这不仅影响学习,而且还影响了接受正面思想教育。另外,有些大学生在现实中达不到自己理想的状态,满怀失意,在网络上寻求一种虚拟的成功,频繁地释放压抑的心情,久而久之便造成认知麻木、情感的匮乏和冷淡、多疑、懒散、焦虑的情绪,形成网络综合征、网瘾、互联网狂躁症、互联网孤独症等。除此之外,许多大学生从小生活在父母的羽翼下,他们的心理成熟度往往更落后于生理成熟度。拥挤的宿舍环境使他们不适应,在图书馆、宿舍都有利益的冲突,使他们感到焦虑、烦恼,同时学习压力、择业压力、恋爱中朋友的压力、同学之间交往较为现实等原因,使不少大学生表现为脑力疲劳(A)、情感障碍(B)、精神萎靡(C)、记忆力减退(D)、自卑(E)、神经质(F)、思维紊乱(G)、焦虑烦躁(H)、冷漠(I)、孤独轻率(J),甚至产生自杀念头(K)等心理"亚健康"状态(见图2-1)。这种状态的存在和发展,从客观上影响着人们的人生态度和人生实践,使人们对自己的生活实践表现出明显的片面性,以及对自己、对他人、对社会整体的损害性。

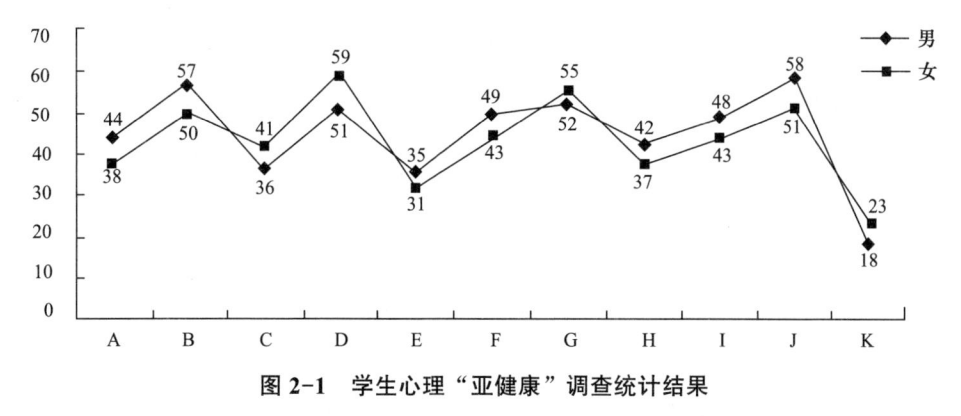

图 2-1 学生心理"亚健康"调查统计结果

调查结果表明，导致高校学生心理亚健康的原因主要是：①情感障碍，男女学生分别占调查总人数的 57% 和 50%；②记忆力减退，男女学生分别占调查总人数的 51% 和 59%；③焦虑烦躁，男女学生分别占调查总人数的 52% 和 55%；④孤独轻率，男女学生分别占调查总人数的 58% 和 51%。在被调查的 11 个项目中，竟有 4 个项目的心理亚健康状态达到 50% 以上。

3．社会适应"亚健康"的调查

现代大学生对社会环境的突出表现为适应能力差和人际关系不稳定，对工作、生活、学习等环境难以适应，对人际关系难以协调，使个体不能融入群体，不能获得群体的援助，从而出现孤独、冷漠、猜疑、自闭以及行为偏离，还可能诱发各种身心疾病。大学生主要表现在不服从父母意愿，顶撞父母、老师，甚至为了自己所谓正确的想法离家出走，喜欢捉弄、愚弄别人等一些不适应社会的个性表现，更有甚者做出欺骗、赌博、盗窃等行为。导致社会适应"亚健康"的主要原因有：A．生存环境；B．人际关系；C．冷漠；D．孤独；E．猜疑；F．叛逆；G．自闭；H．愚弄（图 2-2）。

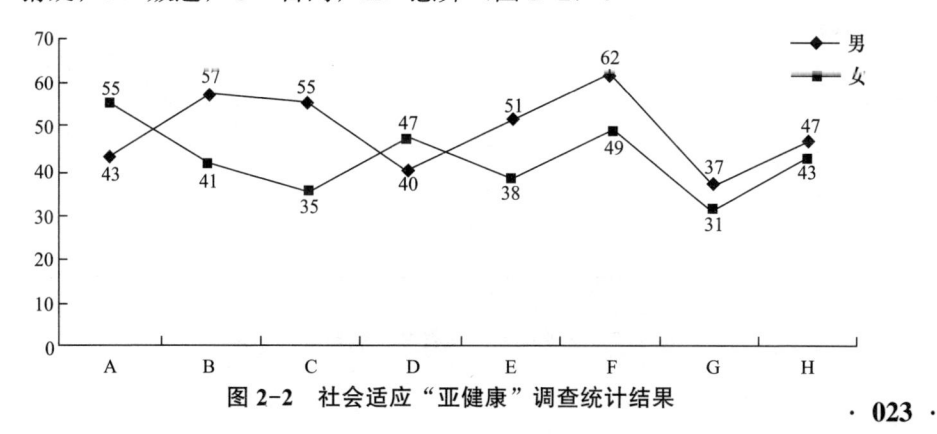

图 2-2 社会适应"亚健康"调查统计结果

调查结果表明，导致高校学生社会适应亚健康的原因主要是：①生存环境，男女学生分别占调查总人数的43%和55%；②人际关系，男女学生分别占调查总人数的57%和41%；③冷漠，男生占调查总人数的55%；④孤独，女学生占调查总人数的47%；⑤猜疑，男生占调查总人数的51%；⑥叛逆，男生调查总人数的62%。在被调查的8个项目中，竟有7个项目的社会适应亚健康状态达到40%以上。说明高校学生中存在社会适应亚健康状态的情况非常普遍。

4．思想品德"亚健康"的调查

社会的转型期导致各种观念正发生着深刻的变化。这种观念上的冲击使得大学生的思想处于矛盾和迷茫之中，从而找不到一个理想的追求目标。如各种宣传报道许多正面的、积极向上的信息给人类带来了前所未有的好处，但它的消极面也在不断地暴露出来。思想品德"亚健康"指人们在世界观、人生观、价值观上存在着不利于自己和社会发展的偏差等。（见图2-3）导致思想品德"亚健康"的原因主要有：A．思想观念；B．团结互助；C．个人信仰；D．积极向上；E．社会责任感；F．远大理想；G．进取精神；H．助人为乐。

调查结果表明，导致高校学生道德品质亚健康的原因主要是：①个人信仰，男女学生分别占调查总人数的61%和52%；②远大理想，男女学生分别占调查总人数的58%和50%；③助人为乐，男女学生占调查总人数的53%和47%；④积极向上，男女学生占调查总人数的55%。在被调查的8个项目中，竟有5个项目的道德品质亚健康状态达到50%以上。说明高校学生中存在道德品质亚健康状态的情况非常严重。

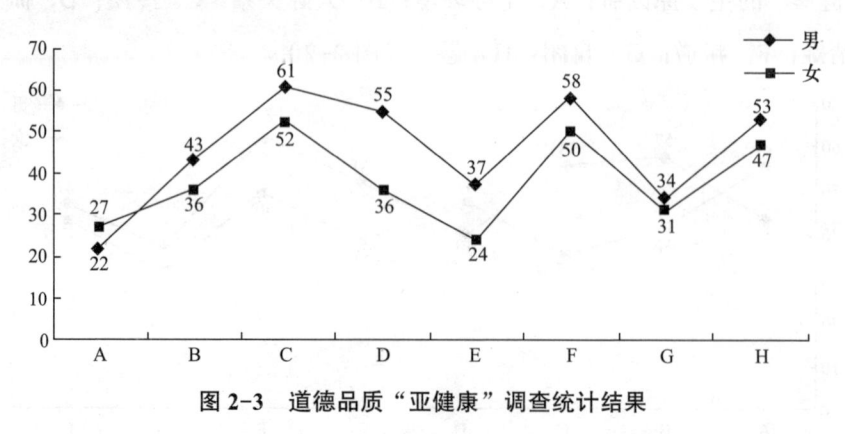

图2-3 道德品质"亚健康"调查统计结果

（二）高校学生"亚健康"状态成因的分析

调查结果表明，普通高校学生"亚健康"状态形成的因素虽然是多方面的，但概括起来主要是由自身和外界两种因素而引起的，其具体表现在以下三个方面：

1. 特定的社会环境的影响与分析

现代社会竞争激烈，高校学生作为社会中的一个特殊群体，自然也会承受着各种各样的压力。所谓的压力是指内外刺激事件对人在身心上所构成的困惑和威胁，具体表现为身心紧张与不适，这些与现代社会快速的生活节奏、激烈的竞争以及复杂的社会人际关系等有着直接的关系。另外，高校学生正处在身心不断成熟的阶段，青春期的子女面对长辈的过高期望和个性发展受阻的双重矛盾冲突，导致他们在这个年龄段常出现与社会现实不和谐的现象，使得他们在思考社会生活的许多问题过程中，在很大程度上要面对父母的包办或全权代理，使其在许多问题上不能表现出自身应有的主观能动性。由于过多地压抑自己的情绪从而表现出对社会环境的不适应。究其原因，主要表现在以下两个方面：

首先，当今的大学生正处在一个科技发展、竞争激烈、情绪过重的社会生存环境里。生活节奏的加快以及错综复杂的人际关系，使得他们精神压力日趋增大。在校学生学习上的激烈竞争和将要面对的严峻的就业压力，迫使他们需要不断地进行知识更新。各种等级考试、奖学金的评定等，都是大学生最为关心的问题，若考试成绩不理想，感觉不如别人，更会感到过度压抑、沉默，给学生带来沉重的身心负担。除此之外，学校在教学科研的高标准和父母高期望的双重压力下，使学生长期处于一种高压状态，这种状态便是导致大学生社会环境亚健康状态的最重要的因素。

其次，情感生活是人的社会属性的主要表现，在过去的任何时代都不能和现代社会相提并论，现代社会建立情感对象的途径更多，情感影响的范围更广、更深刻，情感生活的更加自由、更有意味。但随之产生的，却是情感生活中频繁出现"亚健康"状态。因为现代大学生情感生活丰富且内容广泛，他们可以选择更多的途径来建立自己的情感对象,但是不少大学生在心理上还尚未成熟,使得自己容易处于情感生活的矛盾状态。譬如,在渴望与别人建立情感关系的同时又害怕受到伤害;在某些情况下会错误地把友情当作爱情,曲解同学之间、师生之间的情感联系,单方面体验爱情感受而造成烦恼、悲伤、痛苦和压抑。另外,由于部分学生自卑、孤傲,不易向他人表达自己正常的情感,特别是现在社会情感生活的商业化,使不少大学生在情感上表现为冷漠、无奈、疲惫等。正因为如此,特定的社会环境也就造成了学生身心亚健康的快速形成与发展。

2. 流行生活方式的影响与分析

现代大学生无论从生理和心理上都处于从不成熟到逐渐成熟,并迅速向成人过渡的动态变化时期,在独立生活的大学时期容易受社会上各种流行生活方式的冲击和影响。由于现代社会生活方式的多样化,一些不良的风气和不健康思想也乘机冲击着校园生活的各个方面,并已成为影响青年学生身心健康不可忽视的因素。如不良的嗜好被大量模仿,吸烟、嗜酒的学生越来越多,甚至以此来作为时尚和成熟的标志。另外,大多数学生生活习惯差,饮食不节,缺乏体育锻炼。除此之外,网络是现代社会人们生活中不可缺少的一部分,由于大学生是一个特殊群体,对网络的认识并不是很充分,对于涉世不深而整天生活在校园里的学生来说本应是单纯的,但现在的社会生活又是一个商品经济极其发达的时代,而生活在高校里的大学生在很大程度上都与社会现实脱节,为了逃避现实生活、躲避现实中复杂的人际交往,他们只得在网络上寻找脱离现实的快乐,并以牺牲真实生活中的人际关系为代价来发展虚拟的、脆弱的网络人际关系。孤独的人更容易被网络所吸引,更容易网络成瘾。这种流行的生活方式是造成高校学生身心亚健康状态形成的重要原因。

3. 现代教育思想和观念的影响与分析

新时代的高校学生,由于多元文化的渗入,使他们在面对社会各种思想、观念时缺乏正确的判断和分辨能力。大多数学生对现代教育思想的价值持怀疑态度。除此之外,我国现代学校教育由于受到"应试教育"观念的影响,在教育观念上存在着严重偏差。在大学教育过程中注重各种等级考试的通过率、达标率等，通过率和达标率的高低已成为评价办学质量高低的标准，忽视了学生健康素质的教育。学校即使开了健康素质教育课也只是流于形式，形同虚设，从而造成学生健康知识缺乏。从教育思想和观念的影响来看，高校学生在思想上形成的亚健康状态是不可避免的。

上述研究结果表明，高校学生亚健康状态的形成与众多因素密切相关。如遗传因素的影响、社会环境的影响、生活节奏加快、心理压力过大、生活习惯不良、工作与学习过度疲劳等等，这些因素都可以使健康的身心逐渐转变为亚健康状态。作为高校学生，应如何采取积极主动的措施避免亚健康状态的形成？研究表明，应加强身心健康的教育，使其保持健康的心理状态；加强体育锻炼，以缓解由于紧张学习而带来的身心压力，提高思想素质，以科学的人生观、价值观面对社会的变革与发展；克服不良生活习惯，摒弃有损健康的生活方式。这些措施都是预防亚健康发生的有效办法。现代社会竞争激烈，学习、工作节奏加快，必然会使人们的身心压力和精神负担增大。为此，对现代大学生加强身心健康教育，保持健康的身心状态，提高身心素质，是抵御学生亚健康状态形成的有力武器。

五、亚健康状态研究的展望

（一）人群及个体亚健康状态评估将成为未来研究的热点

2003年10月，美国NIH（National Institutes of Health）公布了全球健康的14大挑战，其中"发展可以量化评估人口健康状态的技术""发展能够评估个体多种状态和病原体的临床检测技术"被列入其中。

（二）亚健康的干预及治疗将向多样化、专业化方向发展

亚健康状态是机体在无器质性病变情况下发生了一些功能性改变，因其主诉症状多种多样，且不固定，也被称为"不定陈述综合征"，大体有以躯体症状为主的躯体性亚健康，以心理症状为主的心理性亚健康，以人际交往中的不良症状为主的人际交往性亚健康。1997年5月2日，中国首次召开了关于亚健

康状态的研讨会，同时，中国药学会成立了研究亚健康状态的专门机构。全国首家亚健康康复中心于 2000 年 12 月在天津第一中心医院东院成立。该中心设有心身健康评估、心理治疗、生物、物理治疗科目，集治疗和康复为一体，通过漂浮疗法、音乐疗法、大肠水疗、生物反馈疗法等先进手段，对前来检查的人们实施未病先治。北京东华医院采用星状神经节阻滞疗法治疗亚健康也取得了一定疗效，它能使过度兴奋的交感神经系统的兴奋性降低，从而实现改善血循环、促进自然治愈能力、增强防御机能、抗炎、调整血压、治疗便秘、改善睡眠、增加食欲的作用，大部分人做满 12 次治疗后即能显著改善症状。同时中医药对亚健康的影响正在广泛调查研究之中。

（三）人群亚健康状态评估及医疗保健预防将成为重点

亚健康状态的卫生保健工作研究与社会的可持续发展有着密切的关系。了解亚健康的发生机理，使人们在亚健康状态时就进行疾病预防，切断亚健康向疾病进展的途径，使其向健康方向转化。良好有效的医疗卫生保健工作不仅可以提高亚健康状态人群的生活质量，而且可以大幅度地减少人到中年、老年的疾病发病率，减少社会对老年照料的投入，使这部分投入能转向社会发展的其他领域中，产生间接效应。

我国作为发展中国家，虽然卫生条件较以前有了明显的改善，平均寿命大幅提升，但群体健康水平仍然不高。卫生部 1997 年的抽样调查结果表明，非传染性疾病的患病率呈逐年增加趋势。全体人群中慢性病的患病率为 32.3%，老年人群中高达 71.4%。疾病、早残、早亡在减少人力资源的同时，还带来了巨大的经济损失。

按市场经济规律针对有关亚健康状态人群开展多样化服务，如健康评估、医疗护理、精神护理、生活护理等。这些为亚健康人群提供的包括身体、心理、家务等多种服务，将可以为社会增加更多的就业机会，其潜在的社会、经济效益巨大。亚健康状态研究适应中国国情，是一种社区、家庭保健的新概念，通过对它的研究我们可以更加完善其内容并结合中国国情赋予它更多的新内涵，这将成为现代医学研究的一个新兴领域。

第二节 亚健康的形成与预防

亚健康是发生疾病的前奏，因此，防治亚健康也就为预防疾病的发生打下了基础。目前，对亚健康的研究已经成为一个由社会学、医学、心理学、人文科学、体育学等多学科交叉的有关人类健康的边缘科学。也就是说，亚健康应从社会、医学、心理、生理等多方面进行综合防治。其预防方式包括：平衡心理、稳定情绪；逐步缓解工作、生活和学习中过度的紧张情绪和压力；调节休息和睡眠时间；克制不良的生活方式和习惯，从源头上阻止亚健康的发生。亚健康对人类健康产生了极大的危机，就目前而言，无论现代科学如何发展也无法弥补由于社会的发展对健康所带来的负面影响。因此，在现代社会发展过程中，人类更需加强体育锻炼以增强自身免疫力和抵抗力，因为体育运动与人类文明及人类健康息息相关，并始终起着支撑和维护人类健康的独特作用，并为人类身心健康的发展提供了不可替代的内容。

一、亚健康的形成

亚健康的形成原因是多方面的，既有社会学因素、心理学因素，也有环境学因素、生活方式和遗传学因素。亚健康是多种因素共同作用的结果，归纳起来主要表现在以下几个方面：

（一）心理因素的影响

在现代社会，生活使人们普遍感到精神压力增大。具体表现为：行业竞争激烈、就业形势严峻、子女教育困难、人际关系紧张、生活压力大等。人们的心理因素已成为影响身心健康的要素。据北京市的一项调查，门诊病人中有65%～90%的病人所患疾病与心理因素有关。工作过度紧张和精神压力等心理因素刺激，是心理亚健康和躯体亚健康的重要因素之一。研究表明，在我国有近半数的人患有明显的或潜在的心理疾病。长时期的精神紧张和生活压力过大对人健康产生了多方面的影响,并直接损害心血管系统和胃肠系统,造成应激性溃疡和血压升高,加速血管硬化和心血管疾病发生,引发脑应激疲劳和认知功能下降,破坏生物系统,影响睡眠质量,造成免疫功能下降,导致恶性肿瘤和感染机会增加。因此,心理疾病正在成为现代人健康的"隐形杀手",它会造成心理障碍、心理失控,甚至心理危机,引发多种身心疾患。

(二)生活方式因素的影响

人们追求丰衣足食的生活无可非议,但在物质生活越来越富裕的情况下,大吃大喝已成为人们一种不良的生活方式。由于生活方式不科学,使得高脂肪、高蛋白、高热量食物摄入过量,导致营养不合理,从而给身体健康带来了潜在的隐患。除此之外,抽烟酗酒、贪吃贪睡、熬夜晚起、饮食无节制、久坐不动、生活无节律等诸如此类的生活方式已成为困扰人们健康的主要因素,也是造成亚健康的最常见原因。

(三)环境污染因素的影响

在现代社会的发展过程中,人类为了满足自身生产与生活的需要,在创造物质财富的同时,对自然环境带来了灾难性的破坏,人类赖以生存的自然环境也在不断恶化,社会发展与人类健康产生了极大的矛盾。如水源和大气污染、噪声、微波、电磁波及其他化学、物理因素污染更是成为防不胜防的隐性健康杀手。更为可怕的是化学药品的滥用成灾,激素和抗生素及各种添加素在食物中普遍存在,正在诱发人类各种亚健康的发生。

(四)生产方式因素的影响

由于科学技术的快速发展,社会生产劳动利用现代科学技术实现了现代化生产劳作方式,使得人在劳动过程中直接使用体力的情况越来越少,导致在现代社会生产中"挤掉了人们赖以生存所必需的肌肉活动"。如工作时坐位时间的增多,使颈椎病、肩周炎、腰背部疼痛等疾病倍增。这种对身体健康产生极为不利影响的工种遍布各行各业。现代研究也已证实,自20世纪70年代以来，由于人们生活中运动量不足，使人体的肌肉活动减少了60%以上，并有80%的腰、背、腿部疾病，也是由于肌肉活动不足而造成的。随之而来的是体能的逐步消退、器官功能的减弱，人体的适应能力、抵抗能力的普遍降低，并导致各种"文明病"的不断蔓延。现代社会生产越来越不需要人类投入很多的体力活动，使得心血管系统的发病率明显增多，无论现代医学如何发展也没有办法弥补由于运动不足而对人体健康所产生的危害。因此，身体运动不足，又缺乏科学有效的身体锻炼方法，是亚健康人群大量产生的主要原因之一。

二、亚健康的危害与预防

亚健康对人类身心健康的危害来自诸多方面，归纳起来主要有以下几个方面的危害：①慢性非传染性疾病的疾病前状态，大多数恶性肿瘤、心脑血管疾病和糖尿病等均是从亚健康人群转入的。②亚健康明显影响工作效能和生活、学习质量，甚至危及特殊作业人员的生命安全。如从事高空作业人员和竞技体育运动员等。③心理亚健康极易导致精神心理疾患，甚至造成自杀和家庭伤害。④多数亚健康与生物钟紊乱构成因果关系，直接影响睡眠质量，加重身心疲劳。

（一）健康身体素质在防治亚健康中的作用

健康身体素质是指与健康密切相关的身体素质，即能反映出人体健康水平和保持各器官良好功能的身体素质（亦称健康体适能）。早在20世纪80年代一些发达国家就已认识到健康身体素质的作用，并对健康身体素质进行了系统的研究，同时也与一般概念的身体素质进行了区分。如美国生理学家克拉克（Clarke）把健康身体素质称之为："精力充沛地完成日常工作而不过度疲劳，以充足的精力度过余暇时间并且能迎接意外事件。"健康身体素质包括心血管耐力、肌肉力量、肌肉耐力和柔韧性等要素。提高健康身体素质就是增进机体各器官的功能和人体健康水平，为预防亚健康的发生打下基础。因为当人体缺乏体育锻炼时就会导致健康身体素质低下，并表现出工作效率降低、易疲劳、情绪不稳定、难于放松自己，进而产生忧虑和抑郁等心理障碍。随之会影响到身体各器官系统的机能，抵抗能力下降，对环境的适应能力降低，使人体进入亚健康状态。科学研究也已证实：良好的健康身体素质对促进身心健康具有明显的作用，加之科学而合理的体育素质锻炼可以保持人体所必需的身体素质水平，防止高血压、肥胖症、糖尿病等疾病的产生。因此，提高健康身体素质对预防亚健康具有积极的影响作用。

（二）健康身体素质在防治亚健康中的方法

1. 提高心血管系统的耐力性

心血管系统耐力是反映人体健康水平的一种机能能力，也是评价身体健康水平的最重要指标。人体的健康与心血管耐力水平有着直接关系，众多科学研究表明，提高心血管耐力素质对防治慢性疾病、缓解压力、增进身体活力和身心健康均有重要的作用。

提高心血管耐力素质的方法主要是有氧运动。一般心率维持在130-150次/分范围内，时间持续在20分钟以上的运动可明显改善心血管系统的功能。其中最有效、最简便的方法是健身跑与健步走。

2. 加强肌肉力量的持久性

人体的一切活动都有赖于一定的肌肉力量水平。可以说，肌肉力量是身体健康的基础。

若肌肉力量不足，或者肌肉力量的持久性较差，就会导致工作效率低下，并容易产生疲劳，而且在工作中容易发生伤害性事故。常见的驼背、腰背疼痛就是肌肉力量不足或持久性差的一种表现。因此，提高肌肉耐力素质不仅能延缓人体的疲劳，提高持续工作的能力，而且能使人体保持良好的精力和精神状态。

发展肌肉力量持久性的方法主要是各种负重练习，也可以通过游泳、健身跑、仰卧起坐、登山、骑自行车、爬楼梯以及各项球类活动来提高肌肉的力量素质。

3. 扩展各关节的柔韧性

关节的柔韧性是指身体各关节所具有的最大活动范围的能力。健康身体素质也是常常被人们所忽视的一种素质。在现代社会生活中，人们久坐的时间远远超过活动的时间,久坐会导致肩、肘、膝、髋关节相应肌群和韧带的缩短以及关节的僵硬,导致关节活动范围减少、功能减退,从而产生颈肩部、腰背部的疾病。因此人体适宜的柔韧性在现代工作、学习和生活中有着独特的作用,它不仅可以减少身体各关节疼痛的发病率,保持人体各运动器官的功能正常发挥,而且还可以提高机体的整体活力。因此,选择一些专门性的伸展练习、拉伸练习、广播体操、健身操以及各种球类运动,是改善身体各关节柔韧性最有效的方法。

综上所述,为了提高现代社会的生活质量,保持人体身心健康,必须建立科学、文明和健康的生活方式,把身体锻炼作为生活质量的重要组成部分,养成科学锻炼的习惯,才能不断提高健康水平,预防和消除人体亚健康。

第三章 体质健康锻炼的理论与方法

第一节 体质健康锻炼的方法与手段

身体锻炼是体育活动的主要形式之一,同时也是提高人体体质健康水平的唯一途径。锻炼对人体有着良好的健身、健心、健美作用,其具体体现在:①促进青少年的正常发育、健康成长及全面发展,使青少年体质增强、精神饱满、意志坚定。②促进人体各种机能的发展,提高走、跑、跳、投、攀、爬与负重等基本活动能力,使身体保持良好的协调状态。③延缓衰老,延年益寿,使中年人保持旺盛精力,使老年人精神焕发。④调节情绪,达到积极休息的目的。⑤形成和保持良好的体型和姿势,以增进人体美。⑥可以获得人体健康和卫生保健常识,并能掌握许多锻炼方法和技巧,丰富文体生活。⑦能增强人体对自然环境和社会环境的适应能力。⑧能增强体质、改善机能、防治疾病、加快康复,对消耗脂肪、控制体重有较好的作用。⑨身体锻炼要有自觉性、坚持性、自制性、果断性,具备充沛的精力与顽强的毅力,从而达到锻炼意志、培养情操的目的。

一、增强体质,促进健康的锻炼原则与内容

(一)体质健康锻炼的原则

锻炼原则即身体锻炼必须遵循的准则,是锻炼身体经验的总结和科学研究的

成果，是锻炼规律性的客观反映。锻炼原则的内容包括：自觉性原则、全面锻炼原则、循序渐进原则、经常性原则、因人制宜原则、适宜运动负荷原则六个方面。

1. 自觉性原则

指锻炼行为是出自锻炼者主观的实际需要，是积极自觉的行动。诸多中外名人几十年如一日，从不间断身体锻炼，保证了自身身体健康，这为他们为人类作贡献提供了身体保障。这是自觉性的具体表现。随着人类社会的发展和科学技术的进步，人们余暇时间增多，为了丰富文化娱乐生活，应自觉地加强身体锻炼，减少疾病的发生，以达到增进健康、防治疾病和延年益寿的目的。

2. 全面锻炼原则

为了促进身体的全面协调发展而选择多样的锻炼内容和方法。人体是大脑皮层统一调节下的有机整体。人体的各部位、各器官系统的机能、各种身体素质和基本活动之间，既相互联系，又相互制约。合理运用此原则，可以使身体各种能力互相促进、均衡发展。全面锻炼也能让人体态匀称，提高健康水准和工作效率。处在生长发育期的青少年和儿童，尤其应注意贯彻这一原则。

3. 经常性原则

指身体锻炼要持之以恒，坚持不懈。人体处于不断发展变化之中，弱可以变强，强可以变弱。体质的增强是一个不断演变、逐步提高的过程，既不可能在短时间内取得成效，也不可能一劳永逸。坚持锻炼，促进新陈代谢，可以使锻炼者的骨骼粗壮，韧带坚实，肌肉发达，心脏功能加强。每天的锻炼时间应固定，使之成为日常生活中不可缺少的一部分，养成良好的锻炼习惯。

4. 循序渐进原则

指锻炼内容、方法和负荷的安排要系统，并逐步提高要求。这是根据人体机能适应性规律和超量负荷法则提出的。教学的循序渐进是根据知识技能形成的规律确定的。在教学中要求逐步增加知识技能的难度和数量，在身体锻炼中则要按保持同化优势、超量负荷和价值阈的标准，按照人体对运动的适应性变化，逐步增加运动量。

5. 因人制宜原则

根据每个人的具体情况确定锻炼的目的、内容、方法、时间，以及运动负荷等。身体锻炼应按参加者在年龄、性别、职业、健康状况、兴趣、爱好、承受运动负荷的能力等方面的不同特点，进行组织、安排。正确地运用这一原则，对于调动锻炼者的自觉性、积极性，提高锻炼效果，具有重要意义。例如：中老年人采用散步、慢跑、太极拳和保健操等比较适宜，便于坚持经常锻炼，以保持旺盛的精力和延年益寿；对于正在成长的青少年，应强调全面性，以促进身体的全面发展。安排运动负荷，一般以锻炼者的自我感觉舒适和不影响正常工作、学习、生活为准。

6. 适宜运动负荷原则

应选择最有利于增强体质的运动负荷。确定运动负荷，一般以参加者身体既有一定程度的疲劳，又能承受，且不影响正常工作、学习和生活为准。参加者的性别、年龄、体质、健康状况以及锻炼基础不同，运动负荷也不相同。负荷过小，对身体作用不大；负荷过大，会损害身体；只有适宜的运动负荷，才能有效地增强体质，提高健康水平。目前，国内外较为广泛地采用卡沃南氏法确定运动负荷。方法是计算某人接近极限运动负荷的脉搏次数（假如每分钟是200次），与安静时脉搏次数（假如每分钟是60次）之差的70%，加上安静时每分钟脉搏次数的基数60次，是对身体影响最好的（能获得最大摄氧量和心输出量）运动负荷，即（200—60）×70%+60=158次/分。此外还有其他方法：①以每分钟脉搏次数150次以下（平均是130次）的超常态运动负荷为指标，谋求提高有氧代谢能力。②以180减去锻炼者的年龄数，作为锻炼时的每分钟平均脉搏次数。

（二）体质健康锻炼的内容

锻炼内容即锻炼身体所采用的各种具体动作的总称。锻炼内容根据不同的目的和要求可分以下几种类型：

1. 健身运动类

指为增强体质而选用的身体锻炼内容。它包括各类体育手段，如走步、慢跑、骑自行车、舞蹈、划船、游泳以及其他日常生活中有锻炼价值的动作。

2. 健美运动类

为了塑造体型和形成正确姿势而选用的身体锻炼内容。多采用举重、器械体操、徒手操、韵律操、舞蹈、艺术体操等方式。

3. 娱乐体育类

为了丰富文化生活，愉快地度过空闲时间而进行的带有娱乐性质的郊游、打台球，以及观看各种体育比赛等。这类活动可以使人感到身心愉快，既锻炼了身体，又陶冶了情操。

4. 医疗、矫正和康复体育类

这是医疗体育内容之一，对象是有疾病或者身体有缺陷的人，其目的是祛病与康复，一般在医生或体育教师的指导下进行。常用的锻炼内容有步行、跑步、太极拳与按摩等，通常是有选编成套的动作，如眼保健操等。

5. 自然力锻炼类

为了改善身体，提高对各种自然环境的适应能力。在某种特殊自然环境中进行的身体活动内容。一般有日光浴、空气浴、冷水浴、森林浴、海水浴、风浴、雨浴、雪浴、沙浴和矿泉水浴等。

二、体质健康锻炼的方法与手段

锻炼方法是指为了增强体质、提高健康水平所采用的具体途径和办法。锻炼方法多种多样，锻炼者可根据年龄、性别、职业、体质、健康状况、兴趣爱好、环境条件和季节气候等进行选用。除采用体育教学、运动训练常用的练习方法（包括重复法、变换法、综合法、循环法和竞赛法）外，人们在长期体育锻炼的实践中，往往将锻炼内容、方法和运动负荷结合起来运用，形成健身方法。

锻炼手段即锻炼身体、增强体质、抗御疾病以及提高运动技术水平所采取的各项体育活动的内容、方法和措施的总称。它是人们在长期的实践活动中逐步形成、发展和完善的。其含义广泛，既包括体育实践中采用的单个动作、成套动作，也包括各锻炼项目中的各种锻炼方法。锻炼手段不仅是体育教学的内容，而且已成为群众性的身体锻炼、娱乐活动以及休闲运动的主要内容。

（一）小学学生体质健康锻炼

1. 小学学生身体形态特点

小学学生的年龄为 7～13 岁，分为低年级（7～9 岁）和高年级（10～13

岁）两个阶段。高年级学生大多为 10～13 岁儿童，这一年龄阶段的学生在男女生身体形态方面开始出现一些分化，其中女生在这一时期陆续开始进入青春发育期，逐渐出现身高和体重的快速增长。由于男生发育一般比女生晚 1～2 年左右，因而女生在进入青春期后，多数形态指标超过同龄男生，往往出现女生身高比男生高，体重也有超过男生的现象，而男生进入青春期后才逐渐进入快速增长期，此时身高迅速增长，反超女生。这一时期城乡学生会出现一些差异，农村学生身高、体重的快速增长往往比城市学生晚 1 年发生。总体而言，小学生的身高年增长率约为 3%～5%，绝对增长值为 6cm～8cm，最高可达 10cm～12cm；体重年增长率约为 10%～14%，绝对值为 5kg～6kg，最高可达 8kg～10kg。该阶段身高的增长还是以下肢长度增长为主，随着生长发育的进行，下肢肌肉在长度增长的同时，围度也有所增长。女生由于进入青春发育期较早，各项围度、宽度增长较快。随着乳房的发育，胸围迅速增长，大腿的围度和骨盆宽度的增长率增加也较快。因此，下肢明显增粗，并出现脂肪堆积、体重百分比升高等现状。男生围度虽有所增长，但由于围度的增长落后于长度，往往使人感觉比较单薄，容易出现"豆芽菜"体形。由于学生骨骼的钙化和肌肉力量还正处于发育过程中，生理方面还没有定型，如果不注意身体姿势的保护（如单侧用力过多或缺乏全面的体育锻炼）就比较容易引起脊柱变形，从而影响到体质健康水平的发展。

2．小学生体质健康锻炼方法

小学阶段的身体锻炼，锻炼内容与形式一定要生动活泼、形式多样，而且锻炼内容要避免与成人雷同。采用的锻炼方法有两种：①以游戏练习为主，刺激学生神经兴奋性，培养学生身体锻炼的兴趣，以达到锻炼身体的效果。②选择一些适合小学生锻炼的内容，可以结合体育课进行，也可以在课外活动或在家庭中在同伴或家长的帮助下进行练习。由于他们大脑皮层神经细胞分化尚不完善，小肌肉群发育较缓慢，因而不宜要求他们做过于复杂或精细的技术动作。

3．小学生体质健康锻炼内容

（1）身体姿势练习。小学阶段的学生，教师应立足于学生正确的坐、立、行身体姿势的培养，形成良好的身体锻炼习惯和体育锻炼意识。小学生在日常学习和生活中都能保持正确的身体姿势，这对于生长发育初期的学生尤为重要。在身体姿势练习内容上，以基本队列队形练习为主，结合一些步伐移动，如足尖步、小跑步等，还可以结合一些跑跳步、踏跳步、足尖步、垫步、后踢腿跑、前踢腿跑等练习。若条件比较好的学校还可以进行集体舞蹈练习。在身体姿势练习过程中要逐步加大难度，如稍微增加一些手臂动作的复杂性或力度及增加步伐移动或下肢动作的难度。

小学高年级阶段，男、女生开始出现身体形态发育上的差异，因而从这一阶段开始，对女生进行身体姿势练习时，可以增加一些伸展肢体的练习和跑跳练习，动作要轻柔活泼、舒展优美，以利于下肢骨骼、肌肉的纵向生长，同时应减少下肢力量性练习，避免下肢围度增加过快而显得过于粗大。男生可增加一些伸展肢体练习来提高跳跃能力，并可通过支撑自己体重或小负荷力量的练习，增加肌肉的围度与体积，促使他们身体形态的健康发展。除此之外，女生应多结合一些体育舞蹈动作，为形成优美的形体打下基础，而男生则可加入一些体操、武术动作，以增强肌肉的力度，培养阳刚之气。由于这一时期学生的柔韧性、灵敏性和节奏感也在提高，身体姿势练习时还可以配上不同的音乐来增强趣味性，避免枯燥的同时还可以提高学生的节奏感。

（2）基本形体操练习。随着小学年级的逐步增高，文化课的学习任务将会逐渐加重。这意味着学生在教室里学习文化知识的时间增加，而课余参加体育锻炼的时间则将会减少。如何解决文化学习与身体锻炼的矛盾？这就要求教师创编一些室内的基本形体操。基本形体操练习包括头部、颈部、肩部、胸部、上肢、下肢的运动以及体操动作。既可以在每日的学习之余进行练习，消除疲劳、改善不良身体姿势，也可以作为雨天体育课的活动内容之一，还可以作为家庭形体练习的手段。创编室内形体操的要求是省时、省地，不会影响他人，学生可以独立练习，又可组织统一练习。其作用是促进血液循环，保持学生良好的身体形态，消除脑力和体力上的疲劳，以达到锻炼形体、促进生长发育的目的。

（3）跳绳与跳绳体操练习。跳绳是一项既简便易行，而又能有效锻炼下肢力量的练习手段。跳绳形式多样、种类繁多，如单、双脚跳，正、反摇跳，花样跳，多人跳，行进间跳等，是小学生十分喜爱的体育健身运动之一。跳绳体操则是将简单的跳绳动作,配上音乐,按一定的节奏编成。跳绳练习时踝关节充分屈伸、前脚掌有弹性地不断蹬地起跳和落地,对改善下肢形体,促进身高增长具有十分重要的作用。

(二)初中学生体质健康锻炼

1. 初中学生身体形态特点

初中学生的年龄大多在 13~16 岁之间,这一时期男女生均进入青春发育期,各项形态指标继续快速增长,但肌肉增长要落后于骨骼的增长。该阶段肌肉生长主要为长度的增长,肌纤维仍较细,肌肉横断面积小,肌肉收缩力量较弱。从外表上看,初中女学生身体形态比较瘦弱细长,这是由于女生各项发育指标增长值和增长率出现高峰的年龄比男生早 1~2 年,导致男女生各项生理指标的差距均逐渐拉大,使得身高、体重呈现明显的差异。随着年级的逐步增高,男生身体的围度、宽度随着年龄的增长而呈上升趋势,尤其在初一年级以后逐步明显,男生的胸围、肩宽、上臂围增长率达到高峰,小腿围度也增长较快,初步体现出男性所特有的轮廓。而女生身体的围度、宽度增长率虽有所减慢,但大腿围与骨盆宽的增长可以达到高峰,导致身体下肢增粗变得十分明显。这一时期女生身体中的脂肪将进一步堆积,体脂百分比继续增加。

2. 初中学生体质健康锻炼方法

青春期是人生最为重要的时期,该时期对机体的影响比其他任何时期都要大。因此,青春期是人体形态发育的关键阶段。众多的研究证明,这一时期人体的重量、围度指标受后天影响程度在 50%~70%,其中体育锻炼起着举足轻重的作用。经常参加体育锻炼能促进身体的全面增长,具体表现为:能积极促进学生生长发育,增进形体健康之美。初中阶段的学生身高增长主要以躯干为主。因此,男生除了继续进行发展下肢的练习之外,还应增加大躯干和上肢肌肉的练习,进行一些力量练习以促进肌肉围度增加,使得身体发展更为匀称,从而避免体形过于纤细,缺乏阳刚之气。女生既需要保持身体有适量脂肪,又要防止脂肪过度堆积。因此,女生应进行一些有氧练习,针对腰、腹、臀、腿和胸进行适度练习,以形成较美的体形,在锻炼项目上可多安排一些伸拉性运动项目、动力性力量的运动项目以及较长时间的有氧运动等。

3．初中学生体质健康锻炼内容

（1）初中男生体质健康锻炼内容。初中男生在青春期时期正处于一个生长发育的高峰期，形体训练对这一阶段的男生来说显得尤为重要。因此，初中男生应加强上下肢肌肉练习，同时也要发展肩带、腰背部和腹部肌肉力量，在伸展拉长的同时进行适度的力量练习，合理地增加肌肉围度，使身体能够匀称的发展。该阶段的男生还可持一些轻器械进行身体锻炼，如体操棍、实心球、哑铃等。具体的锻炼内容如下：

①上肢肌肉群练习。上肢肌肉练习主要是针对手臂、肩带及胸部肌群的练习。常用的锻炼内容为徒手操和器械体操两种锻炼形式。采用徒手操和器械体操练习时，可以采用含胸、展胸等练习手段，还可以对照体育课教材中有关器械体操的内容进行练习。练习时要注意掌握动作的力度，充分展现出男生的阳刚之气。

②腰腹背肌肉群练习。腰腹背肌肉群练习主要以发展腰腹背肌肉群的力量为主。常用的锻炼内容为收腹举腿、仰卧起坐和后抛实心球等。采用发展腰腹背肌肉力量练习的一些项目进行锻炼时，可随动作的熟练程度适当增加练习组数和次数，以此不断提升锻炼的效果。

③下肢肌肉群练习。初中男生正处于身高快速增长期，该时期发展下肢肌肉群力量的练习是十分重要的。因此，在对下肢肌肉除了进行伸拉练习之外，还应大力发展一定的腿部力量（如跑、跳等）。具体练习内容为下肢肌群的各种屈、伸、跑、跳跃等。在进行练习的过程中，可随各种动作的熟练程度增加练习的次数和练习的难度。

（2）初中女生体质健康练习内容。初中女生在此阶段内脏器官发育落后于身高和体重的增长，与此同时神经系统对运动的调节作用也有所降低。因此，该时期女生的体育锻炼内容仅适宜于一些强度小而持续时间较长的有氧运动项目的练习。另外，由于女生身体形态的特殊需要，在体质健康练习内容上主要以胸、腰背、大腿和臀等部位的练习为主。具体锻炼方法如下：

①胸部练习。胸部练习主要通过胸部的含、展来增加胸肌收缩力。练习过

程中，以快慢相间、刚柔相济为宜，可采用压肩、俯卧撑等常用练习手段来发展胸肌收缩力。

②波浪练习。波浪练习是人体以站立、跪立体位时身体做波浪式的一种运动。波浪练习是一种全身运动形式，在运动过程中，踝、膝、髋、腰、胸、颈等都能得到充分屈伸，对女生形成优美的形体有很大的作用。具体练习方法为：A．向前全身波浪练习从两腿直立、两臂上举开始，然后体前屈，两臂前举，做一个手臂波浪；然后低头含胸，膝、髋、腰、胸、颈依次向前挺出，手臂经前、下、后绕至上举，最后起踵立。要求各关节依次前挺要充分，动作连贯、柔和。B．向后全身波浪从两腿直立、两臂上举开始，然后屈膝半蹲，上体前挺，经过屈髋、拱腰、拱背、含胸、低头至起踵立，双手以上、后、下、前绕至上举。要求踝、膝、髋、腰、胸、颈依次弯曲，向后拱起要充分，动作连贯、柔和。C．向侧身体波浪（以向左侧为例），以右腿站立，左脚侧点地，右臂侧上举，左臂右前举，然后膝、髋、腰、胸、颈依次向左挺出，重心移至左脚，成左腿立，右脚侧点地，两臂经腹前侧摆至左臂侧上举，右臂左前举。

③腰、腹部练习。腰、腹部是女生形体锻炼的重要部位。女生通过腰腹部的侧屈、前后屈和收腹等练习，可以改善腰、腹部的线条，并能有效地预防该部位脂肪的堆积，对形成扁平腹有很大的作用。与此同时，也能对腹腔和盆腔内器官起到很好的按摩作用。腰腹肌练习时平衡发展是关键，因此每次练习后要进行放松练习，其方法是屈膝抱腿将膝拉至胸部或轻拍腹部。常用的练习有发展腰、腹、背部肌肉力量的练习，其中有的是单人进行的练习，有的需要两人互相协助进行练习。此外，还可以利用一些基本体操动作的练习来改善腰、腹、背部的形态。

④臀部和腿部练习。臀部练习对固定骨盆具有重要作用，同时也是体现女性美的主要部位。其练习方法主要以收缩臀部肌肉为主。臀部练习不仅有助于提高臀部重心，使臀部肌肉富有弹性，而且对改善下肢体形有积极的促进作用。对大小腿肌肉进行练习，既能减少腿部脂肪的堆积，使腿部肌肉结实而丰润，围度适中，也能提高小腿围的重心，使下肢显得修长。腿部练习对臀部、腹部等部位的肌肉也能起到很好的锻炼作用，而且臀肌的许多练习也能锻炼腿

部肌肉，两者互为前提，相互促进。

⑤韵律操练习。身体各关节的运动，配合节奏欢快的音乐，以全面锻炼为原则，以有氧练习为基础。动作路线、节奏、方向、速度、幅度等方面有较多变化，动作往往不是单一结构，而是复合结构，能使各肌网群都得到充分发展。

（三）高中学生体质健康锻炼

1. 高中学生身体形态特点

高中学生年龄多为16～19岁，这一阶段男女生形态指标增长减慢，但差距继续增大。由于此阶段男女生下肢长度增长甚微，至18岁后，身高接近成人，而围、宽度指标年增长率也很小。这一时期女生身体基本定型，皮下脂肪增厚，体重骨盆发育也日渐成熟，髋部和大腿部明显增粗，小腿围度增长较多，但肩带窄，胸廓小，因而形成下肢粗短、上肢单薄窄细的体形，而男生则由于上体围、宽度增长较快，形成了上体宽厚、下肢细长的体形。

2. 高中学生体质健康锻炼方法

青春发育后期，身体发育逐渐成熟，通过积极参加体育锻炼，可以使男生的肌肉更加健美，女生则可减少体内脂肪堆积，使体态匀称。这一时期女生身体形态主要的锻炼部位是胸部、腰背部、大腿和臀部，男子则主要进行肩带、上臂、胸廓和腰部以及腿部的练习，通过一些徒手或器械练习，增加肌肉力量，形成结实而健美的体形。

3. 高中学生体质健康锻炼内容

（1）女生练习内容。高中女生与初中高年级女生在形体上差异不太大，但由于生长发育的规律，以及喜静厌动的特点，高中女生的腰、腹、臀和腿等部位的脂肪堆积相对较多。因而这一时期女生的练习还是应以腰、腹、背、臀和腿为主，练习方法和手段可参照初中女生练习手段，可适当增加练习的次数和组数，如一般性练习的次数增加5～10次，组数增加1～2组。此外还可根据具体情况，参照发展腰、腹、背、臀和腿的力量练习的方法进行练习，但要注意降低强度，增加次数。

这一时期，女生可以根据教学大纲或课程标准的要求，加强体操和韵律操的

大学生体质健康教育

练习，通过各种步伐和身体姿态的组合，结合徒手操和器械操练习，如球操等，可改善女生形体，使之更具有女性柔美的特征，同时也可增加女生协调、柔韧等综合素质。女生还可进行一些大众健美操练习，因为这些操均以有氧练习为主，有助于全面消耗体内脂肪，使身体全面协调发展。还可进行全国健美操大众锻炼标准1～3级的练习，通过各种步伐组合结合手臂动作，动作由简至繁，幅度由小至大，速度由快至慢，运动量和难度逐渐增大，从而可以很好地达到锻炼身体、增强体质、健美形体的目的，是比较适合高中女生进行练习的内容。

（2）男生练习内容。男生在这一阶段主要进行一些肌肉力量练习，包括静力性和动力性力量，以增加肌肉的体积和围度，使肌肉更结实，更具有男性的健力美。

①上肢练习。主要采用常见的发展力量的练习来锻炼三角肌、肱二头肌、肱三头肌、斜方肌、胸大肌；还可以进行徒手操的练习，也可持小哑铃做，没有哑铃，可用矿泉水瓶装满水或沙子代替，适当调整练习的次数和速度。

②腰、背、腹部练习。主要是进行腹直肌、腹斜肌、肋间背肌锻炼。多采用一些器械、负重物和使用体操器械进行练习。

③下肢锻炼。主要是臀肌、股四头肌的练习，使下肢肌肉结实而饱满。可以采用一些蹲跳起、各种踢腿动作和跳跃练习。

④器械体操练习。器械体操练习可以使全身肌肉得到全面地锻炼。如双杠的支撑摆动、拉臂撑前摆上、分腿坐前滚翻成分腿坐、分腿坐慢起成肩倒立，单杠的慢翻身上成支撑、骑撑前回环、支撑后回环，以及跳马的分腿腾越。

（3）课外活动与家庭锻炼。高中男女学生都有能力在课余时间自觉地进行身体锻炼，并根据自己的薄弱环节进行一些针对性练习，也可以在教师指导下进行，或参加兴趣小组进行专门性练习。女生可参加健美操兴趣小组练习，进行有氧操练习，使全身更为匀称发展。男生则可利用学校一些器械，如单杠、双杠、肋木等进行练习，也可自制一些器械，如装满水或沙子的矿泉水瓶进行练习。当然，进行篮球、排球、足球等全身性运动也有助于改善身体形态。

由于每个人的身体形态发展不一致，因而这一阶段的家庭身体练习方法也应该有个体差异，每个人应针对自己的需要进行练习，可从前面介绍的练习里选择一些自己家庭条件允许的方法进行锻炼。

第二节　成年人群体体质健康锻炼的方法与手段

我国自 20 世纪 80 年代以来，社会生产力水平得到了迅速发展，人们的物质生活水平逐步提高，其生活方式也发生了翻天覆地的变化。现代工业化的社会生存状态使人们的生活节奏越来越快，导致休闲娱乐的时间越来越少。由于业余时间不足，参加体育锻炼的机会越来越少，使人们普遍感到身体健康状态越来越差。这一现状是人们对现代生活的共同感受。在以脑力劳动者为主体的"白领"阶层中，由于整天坐在办公桌旁，缺乏足够的体育锻炼，加上接触电脑频繁，使他们的体质日趋下降。具体表现为：经常出现头痛、失眠、神经衰弱、精神紧张、免疫力下降等症状。由于长期得不到锻炼的调节，其症状也会逐步加重，直至影响到人们正常的工作和生活。

现代社会生活节奏紧张和工作压力加大，是人们在现实生活中不可回避的问题。唯一能解决这种紧张和压力的办法就是加强体育锻炼。因为强健的体魄是工作基础，充沛的精力是生活的保障，只有健康才是唯一能够伴随一生的珍贵财富。

一、健身走

（一）"健身走"概述

现代社会快速发展，人们工作、学习和生活节奏加快，使得人们从事体育锻炼的时间越来越少，绝大多数人只能利用业余时间进行一些简单的体育活动。因此，一种科学合理、简便易行的健身锻炼项目——"健身走"在人们身体锻炼的热潮中迅速兴起。所谓健身走，就是在平地或适当斜度的坡道上进行的定量步行。长期进行健身走锻炼，不仅可以逐步增强心肺及代谢对运动的适应能力，还可以达到增强心肺功能的目的，而且可以对一些疾病（如冠心病、慢性心功能不全、慢性支气管炎、肺气肿、糖尿病、肥胖症等）有较好的辅助性治疗作用。为此，在众多的健身锻炼项目中，我们选择"健身走"这一普及型的身体锻炼项目来具体说明锻炼对增强人体体质与促进身心健康的影响及作用。

（二）"健身走"锻炼的理论依据

首先，健身走锻炼的依据是我国传统的中医学理论。传统中医学理论认为，人的身体是表里相通相依、阴阳相克相生的。遍布人体的穴位是肝脏、心脏、脾脏、肺、肾脏等器官在人体表面的集中反应。人体的脚部上有多个穴位，仅脚掌上就多达十几个，在健身走过程中由于刺激了遍布人体全身的穴位，可以达到改善内脏器官功能的效果。健身走时，脚掌与地面接触就会对这些穴位产生刺激，从而达到不断刺激内脏器官的目的。内脏器官的强健，呼吸和血液循环等系统功能也随之增强。健身走对场地器材没有任何要求，可以随时随地进行锻炼。也就是说，茶余饭后所有的空闲时间都可以进行健身走来达到锻炼身体的目的。其次，健身走锻炼属于典型的有氧运动之一。人们在进行健身走的时候，体内的糖类和脂肪等物质会进行氧化分解，这些物质可以直接为肌肉和全身各个器官提供所需的能量。因此，健身走锻炼身体与其他有氧运动方式（如游泳、健身操等）相比，可以说是有氧运动中最具有代表性的且简便易行的一种。

（三）"健身走"锻炼的特点

健身走锻炼以我国传统的中医学理论和典型的有氧运动为依据，将两者有机结合，其特点也就表现得更为突出。该健身运动项目的特点具体表现为：

1. 健身走锻炼不受时间限制

即使再繁忙的工作和生活，每天只要有20多分钟的时间就可以找到健身走的机会，而且还不受任何时间段的限制。也就是说，每天从早到晚的任何时间段都可以。倘若是游泳或健美操等健身运动，则需要有较充裕的时间。

2. 健身走锻炼不受地点的限制

健身走身体锻炼对场地没有特别的要求，它不受锻炼地点的限制。无论是山区还是平原，城市还是乡村，只要有能够行走的道路都可以进行健身走锻炼。

3. 健身走锻炼不受天气限制

健身走锻炼身体时受天气的影响比较小。无论刮风、下雨，还是下雪都能进行健身走，并可以达到比普通散步更好的锻炼效果。

4. 健身走锻炼不受年龄限制

人类是在婴幼儿时期逐步完成从爬行、站立直至行走这一过程的，到了行走阶段人类就开始了健身锻炼。可以说健身走是伴随人类终身的一种锻炼方式。而游泳、健身操等其他健身运动则是后天刻意训练出来的锻炼项目，对于受众人群来说，具有明显的选择性，况且运动量较大，具有一定的技术难度，对于不是从事体育专业的人群来说显然不合适。而健身走锻炼身体时，其动作简单，也不存在技术难度问题，而且速度、节奏可以自行掌握。体质较弱的人群可以走得慢一些，体力较好的人群则可以走得快一些，以个体的体质状态和健康水平自行安排运动量和强度。

5. 健身走锻炼的健身效果明显

健身走锻炼同其他的有氧运动一样，具有提高心肺功能、加速机体新陈代谢、放松大脑、提高免疫力，并有预防和治疗一些疾病的作用。

二、健身球

健身球是集休闲、运动、减肥、修身于一体，融新兴、有趣、特殊于一身的体育健身运动。健身球适合所有的人群锻炼（包括需要康复治疗的人），它的健身效果良好（特别对脊柱和骨盆的锻炼）。健身球可以提高人的柔韧、力量、平衡、姿态、心肺功能。

健身球运动最早起源于瑞士。最初是作为一种康复医疗设备，用来帮助那些运动神经受损的人恢复平衡和运动能力，随着它在协调、康复腰、背、颈、髋、膝盖等功能作用的发挥，逐渐被延伸推广为一种流行的健康运动，同时也是用于孕妇锻炼的首选产品。

（一）健身球的基本动作

1. 俯身屈腿

锻炼部位：臀部肌肉、下背部。

动作步骤：面部朝下，胯部贴在健身球上，双手撑地，两腿分开与肩同宽并弯曲膝盖，同时脚背自然弯曲，脚心朝上，大腿与地面保持平衡，收紧臀部及腹部的同时，上下摆动双腿，注意不要拱背，尽量保持球的稳定，不要让球来回滚动。

2．扩胸抱肩

锻炼部位：胸部、后肩。

动作步骤：身体呈仰卧状，头部、颈部和肩部贴在球上，双手各执一个哑铃（3~8磅，依个人具体情况而定），在胸前交叉，抱肩，两腿分开与肩同宽，脚尖向前。收紧臀部，保持躯干与地面平行，打开双臂向两侧伸出至上臂与地面平行，肘部微曲，不要完全打开，然后还原至初始动作再做。

3．上臂屈伸

锻炼部位：肱二头肌。

动作步骤：仰卧在球上，臀部和下背部贴在球上，双脚分开与肩同宽，脚尖向前。手臂向下伸，靠在球前面，尽量收紧臀部，收缩肱二头肌，弯曲手臂，将哑铃慢慢提向肩部。

4．俯身抬举

锻炼部位：上臂部、腹部。

动作步骤：面部朝下，胸部压在健身球上，脚趾撑地。双手各执一个哑铃（1-5磅），肘部微曲，将哑铃向前抬起，尽量使双臂与地面平行，然后还原再做。

（二）健身球的作用

1．健身球运动具有很强的安全性

健身球运动适合所有人群锻炼，包括需要康复治疗的人，它可以使锻炼者在锻炼时更安全，避免对关节造成强大冲击，避免运动伤害。有些腰背部有伤的人在做仰卧起坐时，可能做不起来，但是在做健身球运动时，可以利用柔软的健身球来帮助运动者做运动，起到一个依托的作用。

2．健身球运动具有很强的趣味性

运动者在进行普通的器械运动，如跑步机、仰卧起坐时，运动者只能通过长时间地重复几个动作来消耗热量，这就使得运动者的健身过程非常枯燥、乏味。健身球操改变了以往模式化的训练方式，让运动者伴着热烈奔放的音乐，与球一起玩耍。运动者时而坐在球上，时而举起球来做跳跃运动，这些有趣的动作使得整个过程极富娱乐性。

3．健身球运动有助于训练人体的平衡能力

以往的健身运动都是在地面或稳定性很强的器材上进行，运动者不用过多考虑身体的平衡问题。而健身球则不同，运动者需要借助健身球脱离地面。例如，坐在球上是一种平衡练习，抬高一腿，平衡难度就增加一点。将抬高的腿稍作移动便会难上加难。而在做腿搭在球上双手撑地做俯卧撑时，运动者要完成屈伸双臂的动作，首先要保持身体的平衡，不让球滚动，就得靠腿部、腰部、腹部的力量来控制，这使身体的协调性以及对肌肉的控制能力得到了有效的训练。

4．健身球运动具有按摩作用

健身球的最高境界是人与球融为一体，健身球操的动作设计力图达到人体与球面的充分接触，而健身球是由柔软的PVC（Polyvinyl chloride）材料制成，当人体与之接触时，有益于促进血液循环。

5．纠正你的坐姿

当人坐在球上时，身体并未放松，你的背部、臀部、膝部等部位仍不断地在做出细微的调整，使自己保持平衡。这些细微的调整有助于脊柱中的椎间盘的血液循环，加强背部的力量。通过随时地调整自己的身体重心和平衡，增加了脊柱的运动，增强了背部力量，保持正确的坐姿。同时，利用健身球的弹性也能纠正自己的坐姿。因此，坐在健身球上，运动者就会不由自主地挺直腰板、两肩向后张，这是身体为防止摔倒而做出的本能反应，也是一种正确坐姿。

三、太极拳、太极剑

（一）太极拳、太极剑的基本涵义

1．太极拳的基本涵义

太极拳是我国武术宝库中的一个拳种。它结合"拳术"（手法、眼法、身法、步法的协调动作）、"吐纳术"（吐故纳新的腹式呼吸运动）、"导引术"（俯仰屈伸的肢体运动）三者成拳，实为"练脑、练气、练身"的健身之法。练脑、练气、练身（即意识、呼吸、动作）三者密切结合，始而意行，继而内动，再之外动，全身内外动则协调发展，构成了太极拳健身方法上的整体性和内外统一性，从而达到增强体质的目的。

太极拳在我国源远流长，并在长期实践过程中加以创新，派生出了多种流派，如杨式、陈式、吴式、武式、孙式等。新中国成立后，新编了简化太极拳、八十八式太极拳、四十八式太极拳等。各种太极拳的基本风格和技术结构大同小异，练习时均要求心静意专、呼吸自然、中正安静、柔和缓慢、圆活完整、协调连贯、轻灵沉着、虚实分明。

太极拳不仅是群众推崇的健身法宝，而且成为我国医疗体育的一个重要形式，深受中外医学界的重视。

2．太极剑的基本涵义

太极剑，剑术套路之一，太极剑术是我国优秀的传统武术项目之一，历史悠久，有十几家流派。太极剑具有太极拳的运动特点和健身价值。其动作包括抽、带、撩、刺、击、挂、点、劈、截、托、扫、拦、抹等主要剑法和各种身法、步法。可单人练习，也可集体练习。

太极剑是太极门中的短兵器，属内家剑法。其剑法特点是剑走轻灵、尚巧妙、以静御动、后发先至、以柔克刚、避实击虚。太极剑套路结构正是以此为原则，剑法细腻、结构严谨，演练起来轻柔和缓，舒展优美，攻防结合，因而成为深受群众欢迎的运动项目。

（二）太极拳、太极剑的主要健身作用

1．对脑功能起着积极的调节和训练作用

习拳、舞剑要求精神专注、意动身随、内外结合，完成动作连绵不断，一气呵成，这些复杂的多种多样的人体活动，是依赖大脑神经的兴奋与抑制所调节的，很好地锻炼了大脑，也可以调整身体诸系统的功能，使其趋于正常。

2．对畅通经络、血管、淋巴、循环系统起着良好的作用

常练太极拳、剑，会有腹鸣和指尖酸、麻、胀、热等感觉，这是畅通经络的反应。通过肢体的顺逆缠绕运动，动脉血管得到柔和舒张，促进血液循环，

提高了供氧能力，并促进淋巴的新陈代谢。

3．提高肌肉质量，锻炼全身关节

太极拳、剑螺旋式的圆形动作使全身各部分肌肉群都能参加活动，长期演练使肌肉能均匀丰满、柔韧而有弹性。同时全身各关节也都得到多方位的、幅度较大而柔和的运动，从而保持关节的柔韧性，此外，肌肉牵引关节和骨骼运动，起到自我按摩的作用，有助于骨骼的强健。

4．可使呼吸逐渐调节到深、长、细、缓、匀，并增加吸氧呼碳的次数

练太极拳、剑时，始终要保持"腹实胸宽"的状态，把胸部的紧张状态转移到腹部，使肺部舒适，腹部松静而又充实，这样既有助于呼吸的调节，又稳定了身体重心，还可对内脏起到按摩作用。

5．对各种慢性病能起到一定的医疗作用

练太极拳、剑有益于体弱有病者，如对神经衰弱、神经痛、高血压、心脏病、肠胃炎、肺病、干血痨、风湿寒腿、关节炎、糖尿病、遗精、内痔等慢性病起到一定的医疗作用。

（三）练太极拳、太极剑应注意的事项

（1）要做好习拳、舞剑前的身心准备活动和收势后的恢复活动。太极拳、剑运动和缓，一般做3～5分钟的准备活动即可，习拳舞剑前可先散步，再活动一下四肢和躯干。精神上要做到心平气和，思想集中，收势后仍应保持和练习时一样，精神不可散乱，缓慢散步后再恢复正常活动。

（2）学太极拳、剑时，姿势一定要正确，动作要合乎规范，否则错误动作定型后较难纠正。特别要注意经常持久地练习才能获得增强体质的良好效果。

（3）练习太极拳、剑时要选择适宜的环境。应选择在阳光充足、空气新鲜、地面平坦、环境幽静的空地进行。

（4）每天黎明或傍晚练拳、舞剑均有益。早晨空气新鲜、环境安静，锻炼时可使人体各器官的功能活跃起来，为一天的工作做好身心准备；傍晚练习拳、剑则可消除疲劳，稍平气息，对睡眠有益。

（5）练习太极拳、剑应掌握好运动量。一般健康者每天练习1小时左右为

宜，体弱者可根据自己的身体情况适当调节运动量。

（6）饥饿时或饱食后都不宜练拳舞剑。一般饭后隔半小时以上再练习；锻炼后不宜立即吃饭或大量喝水，最好能隔 10～20 分钟后再吃饭。

（7）练拳、舞剑，衣着要舒适。

四、健身气功

（一）健身气功的基本涵义

健身气功是医疗与体育相结合的健身运动，也是气功的一种派别，在我国具有悠久的历史。气功锻炼是发挥人的主观能动性，调整机体的机能，控制机体的活动规律，以达到肌肉放松、精神安定、思想入静的效果，并在此基础上进行呼吸的自我锻炼的方法。

气功和一般体育运动不同，它不追求短期内身体的激烈运动，而是有意识地按练功原则，循序渐进地、慢慢地控制活动，缓和情绪反应，使人处于非常舒适、安静的境地，从而调整机体的生理功能。

所谓"气"，主要是指人们所呼吸的空气和人体内在的"元气"。所谓练气，就是指锻炼人体内部的元气。气功就是一种锻炼元气、增强体质的功夫。气功分为静功和动功。静功包括坐、卧、站等姿势，用调息（即一呼一吸为一息）、意守（练功时把意念活动集中在自己身体的某一部位或空间的某一实物，或意想某一词义）等法。如放松功、强壮功、内养功等。动功为柔和而有节奏的肢体活动和自我按摩等方法。

气功一般包含有调身（姿势）、调心（入静）、调息（呼吸）三方面，这三方面是互相制约、互相影响的，它们对机体的影响是整体性的。气功对人体的各种器官和许多系统的运作都有良好的作用。

（二）气功的主要健身作用

1. 气功对神经系统的作用

在气功锻炼中，意念入静，神经系统处于内抑制状态，对机体有很好的保护作用，入静能消除大脑皮层的紧张状态，加强大脑皮层的调节机能，改善全身脏器的机能状态。

2．气功对心血管系统的作用

练习气功能促进血循环，使毛细血管扩张，脉搏跳动增强；练功后，心率有相应的减慢；深吸气时，心脏搏出量增加；深呼气时，心脏回血量也增加。利用呼吸锻炼可以减轻心脏的负担，减少心脏耗氧量，增强心脏收缩功能。

3．气功对消化系统的作用

练气功时，由于腹式深呼吸，腹腔器官受到有节律的"按摩"，可以改善消化和吸收功能。

4．气功对呼吸系统的作用

练功时，以腹式呼吸锻炼为主，横隔活动幅度可较平时大 3～4 倍，呼吸频率和每分钟的通气量减少，身体的耗氧量减少，能量代谢率也降低，这种状态称为低代谢生理状态，有助于减少身体能量的消耗，重新积聚精力，获得健康体质。

5．气功对内分泌腺的作用

练功入静时，大脑皮层处于内抑制状态，受大脑皮层控制的各内分泌腺相互之间有密切的关系，它们互相连成一个完整的系统并受神经体液的支配，因而可以保持内分泌的协同作用来适应机体的需要，此外，气功锻炼能使皮质激素、生长激素分泌量减少，从而使蛋白质更新率变慢、酶活性改变，从而使免疫功能强化。

（三）练气功应注意的事项

1．练气功要遵守的几条原则

（1）松静自然。练功时，身心（身体和精神）都要放松。首先，衣着要宽松，身体要放松，不需要用力维持身体姿势。总之，练功时要放松肌肉（尤其要放松小腹部），求得自然。其次，精神放松，保持心情愉快稳定。静的要求就是练功时思想意识全部集中在练功上，减少思潮起伏的现象，减弱对外界刺激的感受，有时肢体重量的感觉也会消失，进入安静状态。

（2）意气合一。练功时，练意（控制意念）和练气（调整呼吸）结合，要以意领气，即思想要稍着意于呼吸，用意念调整呼吸的节律、长短、粗细、快慢，并进而用意念带领或跟随气的运行。

练意的功夫在于"静"，练气的功夫在于"细、深、长、慢、稳、悠、匀"七个字。强壮功、放松功着重练意，内善功着重练习气，但各种气功都强调意、气结合起来练。

（3）动静结合。气功偏于安静，缺乏必要的活动性，因此，还应进行其他体育活动，才能收到较全面的健身效果。各种运动安排在练气功之后，先静后动。

（4）循序渐进。气功是一种功夫。功夫要经常练习和逐渐积累才能达到纯熟地步，不能急于求成，要循序渐进。姿势、呼吸方法由易到难，入静方法逐步深入。练功时间最初短些（15～20分钟一次），以后逐渐增长。

2．注意以下具体问题

（1）练功前10～15分钟，停止阅读书报和一切文体活动，做好练功准备。

（2）练功时间可由自己掌握。练功完毕后，不要匆忙站起，应该先用两手擦面，轻揉两眼，然后缓缓起立，活动四肢。

（3）练功时如有呼吸短促不畅、烦躁不安，应查出原因加以纠正。

（4）练气功时或练功后发生头痛、头昏等症状，应查出原因加以纠正。

（5）空腹和饱饭后，不宜练功。

（6）在发热、腹泻、重感冒或疲劳等情况下，暂停练功。

五、健身跑

（一）健身跑步的基本涵义

跑步是一项基本活动技能，是人体快速移动的一种动作姿势。跑步和走路的主要区别在于跑步时两腿在交替落地过程中有一个腾空阶段，跑步是最为简便而易见实效的体育锻炼项目。近二三十年来，跑步已成为国内外千百万人参加的健身运动，是深受广大群众欢迎的锻炼项目。人们普遍认为，跑步是最好的健身方法。跑步可以促进身体最根本性器官的健康，可以增强心、肺、血液循环系统及其耐久力，而心血管系统的健康是身体健康的重要标志。跑步是一项全身性运动，尤其是依靠离心肺较远的下肢做周期性的跑步动作，推动人体向前移动，对人体影响较大。在我国，越来越多的中老年人参加这种"健身跑"。跑步是一项实用技能，运用它锻炼身体，对正在成长的青少年来讲，是增强速度、耐力、灵巧、协调等运动素质，促进运动器官和内脏器官机能发展，增强体质的有效手段。对中老年人来说，普遍被认为是一种保持精力与体力、延年益寿、强身祛病的好方法。

（二）跑步的主要健身作用

1. 增强心肺功能

跑步对于心血管系统和呼吸系统有很大影响和作用。青少年坚持跑步锻炼，可以增强速度与耐力，促进心肺的正常生长发育。中老年人坚持慢跑，就是坚持有氧代谢的身体锻炼，跑步能保证对心脏的血液、营养物质和氧的充分供给，使心脏的功能得以保持和提高。实践证明，部分坚持长跑的中老年人，其心脏功能相当于比他年轻25岁的不经常锻炼的人的心脏。肺部功能的情况也大体如此。

2. 促进新陈代谢，有助于控制体重

超重和肥胖往往是患病的危险因素，而活动少则是引起超重和肥胖的重要原因之一。因此，控制体重，是保持健康的重要原则之一，尤其对中年人来讲更是如此。跑步锻炼既可以促进新陈代谢，又可以消耗大量能量，减少脂肪存积。对于那些消化吸收功能较差而体重不足的体弱者，适量的跑步就能活跃新陈代谢功能、改善消化吸收、增进食欲，从而起到适当增加体重的作用。可见跑步是控制体重、防止超重和治疗肥胖的好方法。

3. 增强神经系统的功能

户外或郊外跑步对增强神经系统的功能有良好的作用，尤其是在消除脑力劳动的疲劳，预防神经衰弱方面作用很大。跑步不仅在强心健体方面有着明显的作用，而且对于调整人体内部的平衡、调节情绪、振作精神也有极好的作用。

（三）跑步锻炼应注意的事项

（1）跑步健身要遵守循序渐进原则，距离和速度从短和慢开始，适应后逐渐增加，跑时量力而行，留有余地，避免心脏负担过重和使身体疲惫不堪。

大众衡量健身跑步运动量是否合适，可以用自我心率控制来掌握，国际通用是180年龄为最大心率，如60岁的最大心率为180－60＝120次/每分钟，跑时以不超过最大心率为宜。也可根据自己的主观感觉，以跑后自觉身体舒适、精神振作、食欲增加、睡眠良好等为适度运动量，运动量过大了，需及时减小运动量。

（2）早晨跑步为最佳，跑前可先做操或打拳。若早上没有时间也可安排在下午跑步。睡觉前不宜跑步，但可散步。

（3）跑步时呼吸自然，口鼻兼用且有节奏地呼吸。呼吸配合：二步一吸、二步一呼或三步一吸、三步一呼均可。

（4）如有感冒、发热、腹泻，暂不宜跑步。

（5）妇女在月经期间也应暂停跑步锻炼。

（6）冬天跑步时，穿衣多少要根据天气寒冷程度、个人抗寒能力和跑步运动量来确定，以跑时不感到太冷又不大量出汗为原则。跑步后，要及时穿衣，若衣服被汗水浸湿，要擦身换衣，注意保暖以防感冒。

（7）慢性病患者练习跑步，要经医生的检查许可，跑完步后做好自我身体检查和按时去医院复查。

六、健身舞

（一）健身舞的基本涵义

健身舞，如迪斯科和扭秧歌是我国城乡广大群众所喜爱的文体娱乐活动。健身舞多是传统健身术、民间舞蹈、日常生活动作与音乐相结合的产物。自古以来，"舞"就是一种健身活动，而音乐又是表达思想感情的特殊方式，两者融为一体会使人产生欢乐而振奋的情绪，同时会激发人对健身舞跃跃欲试的冲动，因此，健身舞广泛地吸引着民众的参与，成为男女老幼皆喜爱的健身方式。

大众跳迪斯科并无固定的章法、动作和步态，可以自由自在、无拘无束地发挥，还可以随意加上劳动和生活的动作，主要的要求是尽量放松人体的各个关节去做弹、击、摆、转的动作。并在优美轻快的音乐伴奏下，翩翩起舞，使人兴奋，越跳越开心，越跳越起劲。老年人跳迪斯科甚至会忘记自己的年龄。

秧歌舞，是边舞边用音乐伴奏的一项民间文化体育活动。此项活动先流传于陕北，后传至全国。秧歌舞的整个动作突出一个"扭"与"踏"，有20多种方法，如"十字扭步""三进一退扭步""二进二退扭步""前进扭步""扭腰步"等。随着鼓点与唢呐声不断踩踏各种步点，扭动时，以腰为轴，扭动肩胯，自然摆动双手与踩踏步子，并按照人体的生理构造特点及运动规律加以美化，顺达自然、轻松活泼、舒展优美。音乐的节奏基本以4/4与2/4的两种节拍出现，这两种节拍与身体的扭动和双脚踩踏极易协调合拍，既可以自我娱乐，又可以集体扭动，易于学练、易于配合。

健身舞使健身活动增强了艺术表现力和感染力，并具有塑造人体体型和陶冶情操等功能，给人一种质朴健康、热情欢乐、积极向上的感觉。

（二）健身舞的主要健身作用

1. 健身舞练习对运动器官的作用

经常、适当地进行健身舞练习，能提高韧带和关节的活动范围，增强关节的弹性和灵活性，并能有效地加强肌肉力量，有助于防治老年人运动器官的劳损和常见病的发生。

2. 健身舞练习对心血管系统的作用

健身舞练习可以看作是有氧训练，经常的适当的练习可以改善和提高心肌功能，防止脂肪在血管壁的沉着，保持血管的弹性，活跃体内的新陈代谢，增强体内的氧化作用，对预防常见的老年性肥胖、糖尿病、冠心病等疾病都有积极的作用。

3. 健身舞练习对中枢神经系统的作用

健身舞由于动作的多样化及搭配的音乐节奏对大脑细胞有良好的应激作用，因此，常参加健身舞练习的老年人会更加精神饱满、反应迅速、耳聪目明。

4. 健身舞练习能控制体重

经常进行适当的健身舞锻炼，既可以提高机体的能量代谢效率，也可以控制体重，使体重与身高朝着匀称身材方向发展，还能达到减少多余脂肪的效果。

5. 健身舞的社会功能

舞伴音乐或音乐伴舞，会使人产生丰富多彩和富于创造性的场面，既可以增加锻炼者的兴趣，又可以消除疲劳，有利于工作和学习，同时也有利于发展同志间的友谊。经常参加健身舞练习，可以不断挖掘出"潜能"，使锻炼者在追求健身、健美、健心的综合目标中实现自身完善。

（三）跳健身舞应注意的事项

参加健身舞锻炼，除参照健美操练习应注意的事项外，还应注意如下几点：

（1）健身舞不是互相竞争的舞蹈，应依照自己的水准快乐地跳，跳时不要因为一些小技巧而紧张，或因跟不上而过分勉强，应该保持轻松愉快的心情。

（2）健身舞的步法伴有跳跃，尤其跳迪斯科最为明显，为保护膝、踝关节，应尽量避免在坚硬地面进行，也不要穿拖鞋。

（3）老年人跳舞应量力而行，掌握好运动量。人到了老年，身体各器官会发生一系列退行性变化，为此，老年人跳舞就要特别加强自我医务监督，在活动中每分钟脉搏控制在120～130次为宜。如有不适感或伴有症状，应立即停跳，以便进一步观察。总之，老年人参加健身舞练习，要根据自身情况，随时调整到适宜的活动量，并经常做全面的身体检查和自我医务监督。

（4）跳舞前吃得太饱百害而无一利；练习中喝少量水可以，但是，喝酒之后，绝对不能跳舞（至少要2～3小时后才可）。练习中必须严禁抽烟。

七、门球运动

（一）门球运动的基本涵义

门球是一项深受老年人喜爱的体育运动。门球具有场地小、规则易懂、运动量小、安全、战术多变、趣味性浓等特点，因此颇受中老年人的青睐。

门球是用木槌击打小球过小门的一种运动。通过走步和击球动作，使臂、腿、腰得到锻炼。门球比赛除了要有一定的基本功外，还要时刻开动脑筋，随时注意球场上的变化，不断思考着球的去向和目标，比赛双方你来我往，追、守、躲、撞，趣味无穷。实践证明，门球活动既可以锻炼腿部，又可以促进全身血液循环和新陈代谢功能，促进消化吸收，祛病延年。在运用技术、战术的同时，可以增强和保持脑细胞的活力。门球可以调节情绪、磨炼性格，是促使老年人身心俱佳的健康娱乐活动。

门球不仅仅是打球过门的简单游戏，它还需要准确判断情况，通过预见比赛进展而采取最佳对策，运用知识和智慧进行脑力竞争，在斗智、斗勇中掌握主动权，把握整体局势，这才是门球趣味之所在。打门球只要有一小块空地就可以活动，不需要特别设备。对于初学的人，听上十几分钟讲解，便可投身打球，这也是门球的魅力之一。

门球既有地上台球运动之妙，又有高尔夫球之趣，还有地上棋类运动之精。其基本运动特点是：运动而有闲，用力而有节，快乐而不激，用心而不苦。由于门球运动具有这种动静相间、强身怡神的特点，所以它适合老年人。

门球的运动量虽然不大，却不是局限于老年人的运动。现在打门球的年轻人多了起来。由少年、壮年以及妇女组成的门球队也屡见不鲜。

（二）门球活动的主要健身作用

1. 门球活动能使身体得到全面锻炼

打门球的基本活动是瞄准、击球、拾球和到位。在活动中伴随着快步走或慢跑，可以使全身的器官，特别是手、臂、腰、腿、脚，以及视力、听力、内脏和神经系统都可以得到锻炼。

2. 打门球可以进行充分的日光浴和空气浴

门球活动是一项户外运动，因其活动量较小，可以持续活动几个小时，进行充分的日光浴和空气浴，这是门球户外运动"得天独厚"的优点。日光浴和空气浴有增强体质和防病治病的作用。太阳的光辐射还可以使人心情舒畅，并改善人体组织的新陈代谢。人体皮肤与空气接触，可以产生相应的生理效应，提高身体对气温的适应能力。

3．门球活动可以增强脑细胞的活力，锻炼思维和记忆能力

门球活动中技术、战术的运用和整体配合，以及打球所处的位置，都需要用脑力，这样日复一日地进行脑力运动，就会增强脑细胞的活力、锻炼思维和记忆能力。打门球可以说是体脑并用的运动项目，而体脑运动的有机结合，正是门球运动的独具之长，所以这项运动更有益于老年人健康长寿。

4．门球活动具有显著的心理保健作用

门球是运动和娱乐兼而有之的项目。它不仅对肢体健康有益，而且能愉悦参加者的情绪。打起门球来，妙趣横生、心醉神达，让人忘却生活中的种种烦恼，老年人的孤独感、失落感也消失了，同时还增加了朋友之间的交往和友谊，对老年人心理健康起到重要作用。

（三）打门球应注意的事项

（1）参加门球活动前应把臂、腿、腰以及相应的关节充分活动开。

（2）打门球时最好穿带齿而不滑的鞋。尤其对老年人来说，如果绊倒或滑倒很容易出现摔伤事故，冬季冰冻天参加户外门球活动应更加小心。

（3）门球活动的体力消耗并不大，但是一旦着迷，容易兴奋，此时老年人应注意控制自己。不应做一些超过自己适合的步伐的活动，以免扭伤筋骨，从未打过门球的人也可以先自己练或与友人、家人同练。

（4）老年人有充裕的时间打门球，而门球运动能使参加者长时间活动，因此，老年人应把打门球安排在作息制度中，使生活、锻炼有节奏。

（5）老年人经常从事门球活动，应有自我监督和预防意外的方法。

（6）老年人参加门球活动，以安全适度、得到快乐感和满足感为健身原则。

八、木兰拳

（一）木兰拳概述

木兰拳是将太极拳基本功、气功要领、武术技击基本功、体操基本功及舞台艺术造型有机结合至一起，以吐纳之道和阴阳二气合理运动为理论依据，动静结合，在动的过程中，让思想随着优雅的音乐意守拳路而自然入静，从而达到防病、治病、延年益寿目的的健身方法。实践证明，它对腰腿痛、关节痛、心脏病及失眠等病症有积极的治疗效果和预防作用，对减肥以及对中老年妇女的体形健美更有显著功效。

木兰拳是融中国武术之刚健和现代健美操之柔和为一体的健身拳术，虽已归属于武术范畴，但它与太极拳截然不同。它大起大落，刚柔相济，以音乐为灵魂，具有强烈的音韵和身韵特征，更接近于舞蹈。离开了音乐，演练木兰拳就失去了灵魂，没有了味道。所以木兰拳决不能像太极拳那么四平八稳匀速行进，也不能"轻柔美"地飘浮在空中。木兰拳作为一项武舞相融、刚柔相济、造型优美、乐曲动听的群众性的健身活动，已在海内外广泛流传，深受广大群众喜爱，尤其是女士们的青睐。

中国木兰拳是顺应社会需求和历史发展潮流而诞生的，它使爱好者们充满自信地去面对人生、事业和生活，它已成为引领人们的一种时尚而又振奋人心的精神力量。中国木兰拳武舞相交、武艺相融，它作为一项新型的艺术健身拳操，不但能强身祛病和自娱自乐，而且正在为提高海内外广大健身爱好者尤其是妇女的生活质量和精神情操发挥着巨大的作用。

（二）木兰拳的特点

木兰拳的特点是造型优美、动作舒展大方、继承传统、时代感强。中国木兰拳系列包括徒手拳、单扇、双扇、单剑、双剑、单圈、双圈、双匕首、武扇、拂尘、花棍等十二个主题活动操。木兰拳以"美"著称，它博采民间各流派之长，融刚健有力的武术功架和优美潇洒的民族舞姿及戏剧、气功健身原理于一体，既能强身祛病，又能自娱观赏。它节奏快慢多变，张弛有度，演练时强调"精、气、神"，注重以神领形，以形传神。

木兰拳拳势优美，简便易学，能适应现代人们健身健美的需求。

（三）中国木兰拳套路拳谱

中国木兰拳套路见表3-1至表3-3。

表3-1　第一路木兰报春（徒手拳）

1. 东方欲晓	7. 乘风破浪	13. 蝴蝶穿花	19. 大鹏展翅
2. 木兰报春	8. 仙鹤独立	14. 嫦娥奔月	20. 燕子追云
3. 百鸟争鸣	9. 飞龙迎风	15. 鹞子翻身	21. 鸳鸯戏水
4. 仙女下凡	10. 斜身照影	16. 白鹤亮翅	22. 推窗望月
5. 彩云飘荡	11. 西施浣纱	17. 蛟龙入海	23. 天女散花
6. 巧坐金莲	12. 丹凤朝阳	18. 旭日东升	24. 鸿雁归巢

表3-2　第二路木兰从军（单剑）

1. 仙人指路	7. 宝刀出鞘	13. 兵勇望风	19. 雄鸡啄蝶
2. 力劈华山	8. 枪独挑	14. 朝阳张弓	20. 木兰刺剑
3. 玉女穿梭	9. 飞轮渡海	15. 将军百战	21. 跃马疆场
4. 木兰从军	10. 童子抱瓶	16. 万里赴戎	22. 两军对阵
5. 气传金柝	11. 乌龙绞柱	17. 紫燕侧翼	23. 鸣锣收兵
6. 光照铁衣	12. 犀牛别宫	18. 回身反击	24. 鸿雁归巢

表3-3　第三路木兰出征（单剑）

1. 将军执令	7. 神龙搅海	13. 险峰奇观	19. 木兰挥剑
2. 飒爽英姿	8. 天水一色	14. 猛虎嬉食	20. 四面出击
3. 木兰出阵	9. 大江翻浪	15. 乌蟒缠树	21. 八面威风
4. 跃马横枪	10. 风起云涌	16. 苍鹰搏击	22. 沙场奏捷
5. 过关斩将	11. 山川映月	17. 银狐蹁跹	23. 将军脱袍
6. 威震山河	12. 古石沉江	18. 猎人设伏	24. 凯旋归营

1. 徒手基本动作

（1）腿部动作：压腿（正、侧、后），踢腿（正、侧、后）。

（2）腰部动作：前俯腰、甩腰、涮腰。

（3）手型手法：拳、掌、请拳、托掌、穿掌、按掌、推掌、撩掌、云手、双绞手。

（4）步型步法：弓步、歇步、虚步、坐莲步、盖步、插步、后扫步、旋转步、展转步。

（5）腿法：上踢腿、前蹬腿、踩莲腿、勾踢。

（6）平衡：提膝平衡、后举腿平衡、望月平衡、燕式平衡。

2．基本动作

握法、开扇法、合扇法。

九、太极柔力球

太极柔力球运动就是需要以柔卸力，所以技术性要求比较高，讲究柔和、以柔克刚，忌撞击，接球的时候要善于缓冲。主要动作环节分为"迎—引—拉—抛"。球由外层的皮、中间的硬壳、最里面的细沙组成，外形与网球相似。运动场地一般长 10 m、宽 5 m，球场中央有一道网，场地与羽毛球场较相似。太极柔力球借鉴网球、羽毛球的场地、规则等要素，并融入了太极精髓，提炼形成了这项运动。

太极柔力球圆弧轻划，看似软弱无力、轻松自在，实际上在力度拿捏、方位掌握上均耗损巨大，一场球下来，轻则汗流夹背，重则腰酸腿软。

（一）太极柔力球的特色

太极柔力球运动是一项新兴的、具有民族特色的体育运动项目，它是由运动者手持一种特制的拍子，该拍子是由一个拍柄和一个拍框组成，拍框内有一个能起缓冲作用、带风孔的橡胶软面，通过用弧形引化的方法将球抛来抛去。它可以二人对抛、单人独练、几个人互传或隔网竞技，从而达到健身、娱乐、表演和竞技目的的一种运动项目。

（二）太极柔力球的文化和意义

太极柔力球是应时而生的一项太极化的球类运动，体现了中华民族博大精深的"太极"文化，以柔克刚、以退为进、以巧击蛮、以小胜大以及和平圆满的战略思想，它保留了太极思想和太极运动中所有的精华，同时又加入了现代元素，并且使两者很好地融合在一起。它一改硬性击球方式，而将球纳入球拍后的弧形引化过程做为主要技术特征，这一特点成为其与网球、羽毛球和乒乓球等其他架网相隔、持拍对打的球类运动的主要区别。在运动中，每一次的收力、发力、接球、送球都是一次对心理的修炼，使每一位参与者都能享受到自由自在、随心所欲、无拘无束的境界和氛围，以及酣畅自如的肢体运动所带来的快乐。

（三）太极柔力球对身体的作用

太极柔力球运动是一种全身性的运动，它可以使颈、肩、腰、腿得到均衡全面的发展。特别是由于圆形动作的变化比较复杂且随机多样，这对训练中枢神经系统机能和发展多向思维都具有良好的作用。正确的弧形引化动作要求以肩为轴，肩、肘、腕保持一个弧形，因此整个上肢都是放松的、不紧张的状态。这也有助于静脉血的回流，保护了心脏的安全。

太极柔力球运动又是一种运动量可以灵活调节的运动：体力差的可以以逸待劳，以不变应万变，体力好的可以左奔右突，前后变幻；初学者可以高接低抛，和平过渡；娴熟者可以四处封杀，各展雄风。运动时圆灵轻活、闪展腾挪，人拍合一、心球合一，轻如燕子抄水、凤凰展翅，重如狮子摇头、豹虎归山，精神振奋、心情愉悦。运动量完全由锻炼者自我掌握。太极柔力球也可以作为一项隔网竞赛项目。为了赢得比赛的胜利，参赛者在遵守规则的前提下，需要发扬努力钻研、锐意进取、不断创新的精神。

随着运动水平的提高，练习者果敢、坚毅、机敏、顽强的品格逐渐形成。除了健身和竞技，太极柔力球还可以作为表演的手段，单人、双人及多人可以在音乐的伴奏下，做出各种优美的表演。因此柔力球可以最大限度地满足不同层次、不同需求的锻炼者需要。

（四）太极柔力球的技术特点

太极柔力球运动的技术特点是：从入球到出球是由迎、引、抛三个部分组成的一个自然流畅、一气呵成的弧形引化过程。它改变了传统的硬性击球方法，要求首先顺着来球的方向、线路，主动伸拍迎球，使球从球拍的边框悄无声息地切纳入球拍。球入球拍后，以两脚为支撑，双腿发力，力通过腰的分配组合，使身体和手臂以及手臂所持的球拍和拍内的球，以身体的横轴、纵轴和矢状轴为中心进行旋转运动,在旋转中使球在球拍中产生强大的离心力,再以这个离心力的惯性将球沿弧线的切线方向甩出球拍的过程。

太极柔力球与其他球类的比赛一样,都是非常激烈的,其球飞行速度和运动量不亚于网球、羽毛球等运动,而且这项运动落点非常准确、刁钻,球路变化无穷。我们仔细观察就会发现:它与其他持拍球类运动的技术完全不同,它不是将球推打出去,而是用身体带动球拍挥旋,产生惯性离心力将球抛甩出去的一种技术。

比较接近的运动方式有田径运动中的链球和铁饼。由于它的接抛球过程是画一个圆弧,是有一定时间长度的一个过程,而在这个过程中,可以有目的地在划弧的不同阶段选择由不同的方向和角度出球,声东击西,使对方难以判断,划弧所拥有的时间可以使动作不断地随意创造,优美的弧线也使动作圆润流畅、潇洒飘逸,使智慧和技巧以及美在运动比赛中唱上了主角,那种只用蛮力、狠拼猛打、不动脑筋的运动方式全无用武之地,处理问题全面周详、含蓄、婉转、坚韧不拔、细腻的民族特点得到充分的体现,使运动者和观赏者都得到一个创造美、欣赏美的享受过程,通过运动,大家不仅锻炼了身体,也陶冶了情操,还愉悦了身心。

(五)适应性特点

太极柔力球运动广泛的适应性表现在很多方面:它不受场地和气候的限制,室外锻炼,有点场地就行。门庭小径、楼道屋顶都可以因地开展,空旷场地更佳,但如遇刮风下雨,室内床前也照样可以进行。我国北方,风力较大。太极柔力球球重为 53g～55g,挥拍时,拍框引领划弧不扇风,而且由于其特殊的运动形式,风对球拍和球的影响都不大,所以基本不受风力的影响,这很好地解决了在风天无法进行持拍运动的问题,所以也适合在大众中的开展和学校体育课使用。太极柔力球器材价格低廉、不易损坏,一套器材能打好几年,而羽毛球一天就可能损坏数只,所以它更贴近广大群众的锻炼实际。

(六)基本套路

第一节:左右绕翻

在身体的右侧和左侧完成的360°的绕翻，它有侧前三步移动，接一个横跨步向后三步移动，接一个横跨步，一定要注意它的移动要轻起轻落，点起点落，重心要平稳，脚下要扎实、稳步。

第二节：头上平线

在头上完成一个水平方向的环绕，要注意利用腰扭动身体画出一个圆，动作要完整。

第三节：正反绕翻

在我们体前完成一个顺时针和逆时针的环绕，与我们熟悉太极拳的云手非常相同，但要注意两个云手要连贯完整、协调自然，画出的圆要饱满圆润。

第四节：平侧旋转

利用我们身体的中轴和实中轴完成水平方向和侧向旋转运动，这个运动要注意控制自己的旋转轴，身体要下沉，动作要平稳。

第五节：正反抛翻

在我们的体前完成顺时方向的抛接和逆时方向的抛接，抛接后有一个体前的绕环，抛接连贯完整，在环中绕、绕中翻，动作要自然流畅。

第六节：身后抛接

在我们的身后完成抛接动作，整个动作要完整连贯、上下相随、一气呵成，一定不要有手腕和肘腕的发力动作。前两个人抛转体90°来完成身后抛接动作，后两个人抛转体180°，完成抛接动作。

第七节：弓步绕翻

在我们的体前体侧完成的正绕翻和反绕翻，做这个动作要注意用力向下，上下相随，连绵不断，用力要完整有力。

第八节：八字绕环

在我们的体侧前完成一个八字形的环状运动，这个动作上下相随，连贯自然。

第四章 大学生体质健康的测定与评价

第一节 身体成分的测定与评价

一、测定的意义

身体成分的测量,可以准确地评价人体的胖瘦程度。同样体重的人,由于身体肌肉、脂肪的含量不同,肥胖程度也是不同的。体重的大小并不能真正反映一个人是否肥胖。身体脂肪所占的百分比,是评价一个人是不是真正肥胖的主要依据。身体成分的测定结果,将成为确定是否需要减肥的依据。

二、测定的指标与评价

体脂百分比是评价身体成分的主要指标,测试体脂百分比需要有专用的仪器设备,测定技术也比较复杂。

(一)体脂百分比

体脂百分比即人体脂肪组织重占其总体重的百分比,计算公式为:
体脂百分比=脂肪重/体重×100%

身体成分的测定方法有很多种，目前主要有水下称重法、皮褶厚度测量法、生物电阻抗法、红外线感应法、X射线吸光测定法以及MRI/CT扫描法等。在健康体适能的测定中，切实可行的测定方法有皮褶厚度测量法和生物电阻抗法。

1. 皮褶厚度测量法

皮褶厚度测量法是通过对身体某些部位的皮褶厚度进行测量，将所测结果代入公式，再计算体脂百分比的一种方法。主要测量部位有两个：肱三头肌和肩胛下角。

测量时需要用皮褶厚度计。测量部位及方法如下：

肱三头肌：上肢自然下垂，于肩峰与尺骨鹰嘴突连线中点处，与上肢长袖平行，垂直捏起皮褶，用皮褶厚度计测量其厚度。

肩胛下角：在肩胛下角下方1cm处，外斜45°角捏起皮褶，用皮褶厚度计测量其厚度。

详细的测量要求，可参考仪器使用说明。

体脂百分比的计算公式为：

体脂百分比＝（4.57÷D－4.142）×100%

其中D代表身体密度，计算公式见表4-1。

表4-1 身体密度计算公式

年龄/岁	男性		女性	
9—11岁	D＝1.0879－0.001	5X	D＝1.079－0.001	42X
12—14岁	D＝1.0868－0.001	33X	D＝1.0888－0.001	53X
15—18岁	D＝1.0977－0.001	46X	D＝1.0931－0.001	60X
成人	D＝1.0913－0.001	16X	D＝1.0897－0.001	33X

如果测量方法正确，皮褶厚度测量法测得的体脂百分比结果，与水下称重法测得结果之间有较高的相关性（r＝0.70～0.90）。皮褶厚度测量法所需仪器、测试方法虽简单，但是其准确度受测量技术的影响较大。另外，计算公式还受测试者年龄、性别、种族、皮下脂肪分布类型等因素的影响。因此，在适用人群上也会有一定限制。

2. 生物电阻抗法

生物电阻抗法是一种简单、安全、无创性的测量身体成分的方法。其测量原理是将微量电流通入人体内，通过测量电流阻抗的情况来推算身体内各种组织的含量。人体内的水分大部分存在于肌肉中，体内去脂组织是良导电体，而脂肪组织的导电性能则较差。因此，根据电阻抗情况就可以计算出体内总的水分含量，从而可以计算出去脂体重和脂肪的百分比。

随着科技的发展，近年来一些大医院以及研究院、研究所均采用生物电阻抗法来测量身体成分。其操作简便，被测者只需赤脚站在仪器上，手握电极，仪器就会自动打印出多项指标，如体脂百分比、体重、肥胖程度等。目前，国内常用的生物电阻抗法身体成分仪，主要是 Tanita、InBody 系列仪器。

根据国内外的资料，理想体脂百分比的标准很不一致，理想体脂百分比范围很大，男性为 12%～23%，女性为 16%～27%。但对于确定肥胖的标准，意见基本相同。男性为 25%，女性为 30%。体脂百分比可作为确定锻炼目标的依据。此外，不同测试方法、不同测试仪器的测试结果，具体的评价标准也会有一定差异。

（二）身体质量指数（BMI）

BMI 是以相对于身高的体重，来衡量体重是否超重的常用指标。在一般情况下，与体脂百分比有一定关系，但并不能真正反映人体内的脂肪含量占体重的百分数。在没有条件测量体脂百分比的情况下，BMI 可作为评价是否肥胖的参考。计算公式为：

BMI ＝体重（kg）/ 身高 2（m）

BMI 在亚洲与欧美的标准并不相同，欧美 BMI 在 25～30 为超重，超过 30 为肥胖；亚洲地区 BMI 在 23～25 为超重，BMI 超过 25 为肥胖。

（三）肥胖程度

肥胖程度是指一个人的实际体重占其同性别、同年龄组标准体重的百分比。与 BMI 相同，只能作为评价身体成分的参考指标。

肥胖程度的计算公式为：

肥胖程度（%）=实际体重/标准体重×100%

其中的标准体重，有不同的确定方法。我国国民体质监测结果是标准体重的最佳依据。可参考《2000年国民体质监测报告》的相关部分。

一般认为，实际体重与标准体重差在±10%以内为正常。故按照上述公式计算，肥胖程度在90%～110%之间为正常体重；若在110%～120%之间，属于超重；大于120%，则可诊断为肥胖，应考虑采用减肥处方进行锻炼。

第二节　身体指数在体质健康评价中的应用

人体是一个整体。身体各部分的发育是按一定的比例关系发展的，将两个或两个以上的指标通过一定的公式联系起来构成某种指数，用以评价身体形态、生理功能和运动能力的发展状况。采用这种评价体质水平的方法称为指数法。

身体发育指数是在人体测量的发展过程中产生和逐渐发展起来的。目前常用的发育指数可分为三类：

一、用于评价体型的指数

（一）身高胸围指数［胸围（cm）/身高（cm）×100］

该指数反映胸廓发育状况，借以说明人的体型。1917年Bmgsch以该指数中位数为基准，把体型分为窄胸型（小于中位数）、中等胸型（约等于50%）和广胸型（大于中位数）。全国学生体质健康调查研究结果显示，当前城市儿童一般呈窄胸型，农村儿童多趋于广胸型。

（二）艾里斯曼指数［胸围（cm）-1/2身高（cm）］

这是苏联学者提出的一种更简便的体型指数。通过胸围和身高的关系（即横径与纵径之间的关系），反映其胸廓发育是窄胸、广胸或中等胸型，借以说明人体的体型或体格。指数大于零者为胸廓发育良好，等于零者为中等，小于零者为胸廓狭窄。

（三）身高坐高指数［坐高（cm）/身高（cm）×100］

该指数通过坐高与身高的比值来反映人体躯干与下肢的比例关系，借以说明其体型特点。该指数的均值曲线随年龄的变化与身高胸围指数相类似。根据该指数值的大小可将儿童体型分为长躯型、中躯型和短躯型。

（四）肩盆宽指数［骨盆宽（cm）/肩宽（cm）×100］

该指数均值男性随年龄增长而逐渐下降，女性则随年龄增长而上升，从而反映出男女性不同的体型特征。在同性别、同年龄中比较，该指数值越小越体现出粗壮魁梧的体型，这种体型在与力量有关的许多体育运动项目上易于发挥其优势。

二、用于评价营养状况的指数

（一）克托莱指数

即身高体重指数［体重（g）/身高（cm）或者体重（kg）/身高（cm）×1 000］。这是由克托莱提出而被命名的指数。

该指数表示每1cm身高的体重（g），作为一个相对体重或等长体重，来反映人体的围度、宽度和厚度以及机体组织的密度。从而说明人体的充实程度和现时营养状况。一般情况下，该指数的均值随着年龄增长而增大，女性19岁、男性21岁以后趋于稳定状态。评价标准：

男生小于20为消瘦；20～25为营养正常；大于25为肥胖。

女生小于19为消瘦；19～24为营养正常；大于24为肥胖。

（二）劳雷尔指数［体重（kg）/身高^3（cm）］×10^7

这是Rohrer所发表的指数。他认为人体是一个立方体，身高是这个立方体的一个边，用身高的3次方去除体重就意味着1立方厘米体积之重量，从而体现肌肉、骨骼、内脏器官及组织的发育状况，反映人体的营养和充实程度。劳雷尔指数对反映体形肥胖较为敏感，因而作为营养指数而被广泛应用，适用于学龄后各年龄的儿童及青少年的营养评价。其评价的判断标准如下：

大于 156 为过度肥胖，156～140 为肥胖，140～109 为营养状况中等，109～92 为瘦弱，小于 92 为过度瘦弱。

（三）BMI 指数 [体重（kg）/身高^2（m）]

又称体质指数，评价标准如下：小于 18.5 为体重过低，18.5～23.9 为体重正常，24.0～27.9 为超重，等于或大于 28 为肥胖。

三、用于评价生理功能水平的指数

（一）握力指数

握力指数即两手平均握力（kg）/体重（kg）×100。因为肌肉力量的发展与体重有密切的关系，所以这项指数利用体重校正后更具有可比性。

（二）肺活量指数

通常采用肺活量（ml）/体重（kg）。该指数利用体重对肺活量进行校正，能更准确地反映机体能力的大小，对研究青少年的体质和有氧工作能力均有重要的意义。

（三）中国青少年肺活量指数正常值范围：男生 63.2～68.9；女生 55.5～59.5。

布兰奇心功指数

布兰奇心功指数是通过测量心率和血压，按照以下公式计算而来：

心率（次/分）×[收缩压（mmHg）+舒张压（mmHg）]/100

采用布兰奇心功指数评价的特点是评定心率的同时，考虑了血压因素，因而较全面地反映心脏和血管的功能。

评定方法：布兰奇心功指数在 110～160 范围内为心血管功能正常，平均值是 140。如果超过 200，应做心血管的进一步检查。

（四）台阶指数

台阶试验是一种评价有氧能力的测试方法，属次极限运动测试，用于判断人体的心血管功能。

测试方法：在 3 分钟内上下台阶，然后测量恢复期第 2、3、4 分钟前 30 秒的心率，并计算出台阶指数。

应用身体发育指数进行评价，应根据不同指数的分布特征选用适当的方法。一般来说，呈正态分布或近似于正态分布的指数，可采用离差法制订评价标准；如指数资料呈非正态分布，则应采用百分位数法制定标准。

四、在发育指数的评价中应注意的几个问题

（1）充分考虑性别、年龄特点。对处于生长发育阶段的儿童青少年进行评价，一般应按城、乡、男、女分成四类，每类以一岁为一组，分别制订不同的评价标准。生长发育基本成熟后，男 20～25 岁，女 18～25 岁，可合并为男女各一组，分别制定其评价标准。

（2）注意发育指数的种族差异。对于国外的某些发育指数评价标准，我们可以借鉴和参考，但往往不宜直接引用。例如，以往参考国外标准，采用克托莱指数［体重（g）/身高（cm）］进行评价，规定该指数在 350～450 范围内者为正常，小于 350 为体重过轻，大于 450 为体重过重。但据 1979—1991 年全国儿童、青少年体质测试资料显示，仅个别年龄组接近其最低标准，其他年龄组均低于该标准。因此，进行身体发育指数的评价必须注意年龄差异，否则其评价结果难以符合客观实际。

（3）根据评价需要，适当选用指数。在评价某种身体特征时，应根据不同指数或同类指数的特点加以选用。

（4）充分考虑身高因素的重要影响。有些形态学指数的数值随身高而发生较大的变化。例如，由于城市儿童的身高普遍超过乡村儿童，以致乡村儿童的

劳雷尔、利比和培利迪西指数都往往大于城市儿童，但这并不意味着乡村儿童的营养状况优于城市儿童。因此，必须在考虑身高影响的同时，结合其他指标进行全面分析、综合判断，才能得出客观、正确的结论。

还需指出，应用指数法进行生长发育评价时，所得发育等级仅仅表示被评者某项指标的发育状况在整体中所处的位置，以及身体比例的均衡性和匀称程度。至于其发育等级是优、是劣，则因不同指数和性别、年龄的不同有着不同的判断标准。例如，反映胸廓发育状况的艾里斯曼指数，任何性别、年龄都是越高越优秀；但是，反映营养或肥胖的培利迪西指数，则不完全如此。在儿童时期，该指数发育等级高一些可视为优秀的标志（但不能过于肥胖）；但到青春发育时期，男性以中等为优，而女性以中下等为优。这种评价观念无论是对体型健美、健康和运动能力的发展都是积极有益的。总之，对不同指数和不同性别、年龄的儿童青少年进行发育评价时，应进行全面具体地分析，才能做出客观、正确的评价。

第三节　肌肉力量耐力素质的测定与评价

一、测定的意义

肌肉力量耐力素质是完成一切日常生活活动、体力劳动和体育活动的基础，是健康体适能的重要内容之一。肌力的测试方法，一种为测定肌肉一次用力收缩时所能产生的最大力量，以测定肌肉最大力量为主；另一种方法是测定肌肉在相当大的负荷下，能够重复收缩的次数或能够持续的时间，以测定肌肉的力量耐力为主。

某一个测定方法只能用来评价一块或一组肌群的力量，与身体其他肌群的力量大小没有绝对的关系。要想全面地对全身各主要肌群的力量进行评价，最好进行上肢、下肢、躯干肌力的多项测定，才能为确定运动处方锻炼目标提供更客观的依据。

二、测定的指标与评价

不同性别、不同年龄的人群采用的测定指标不同。用于测定肌力的指标归纳起来有：握力/握力体重指数（前臂、手屈肌力量）、俯卧撑、跪卧撑、双手前投实心球（上肢力量）、仰卧起坐、仰卧举腿（腹肌力量）、俯卧背伸（背肌力量）、立定跳远、纵跳（下肢力量）等。背肌力也曾被列入肌肉力量测试的指标。

（一）握力体重指数

握力体重指数=握力（kg）÷体重（kg）×100，评价标准见表4-2。

表4-2 《学生体质健康标准》握力体重指数评价标准

性别	年级	优秀	良好	及格	不及格
男	大学	>=86	84~72	70~54	<=53
女	大学	>=67	66~55	53~40	<=39

（二）立定跳远

受试者两脚自然开立，站在起跑线后，脚尖不得踩线。两脚原地同时起跳，不得有垫步或连跳动作。试跳三次，记录其中的最好的一次。评价标准见表4-3。

表4-3 《学生体质健康标准》立定跳远评价标准

性别	年级	优秀	良好	及格	不及格
男	大学	>=258	256~238	235~214	<=212
女	大学	>=199	197~179	176~158	<=156

（三）仰卧起坐（女）

受试者仰卧于垫上，两腿稍分开，屈膝成90°，两手指交叉贴于脑后。另一同伴压住其踝关节，以便固定下肢。受试者起坐时两肘触及或超过双膝为完成一次，仰卧时两肩胛必须触垫。记录1分钟内完成的次数。评价标准见表4-4。

表4-4 《学生体质健康标准》1分钟仰卧起坐评价标准

性别	年级	优秀	良好	及格	不及格
女	大学	45以上	44～38	37～28	27以下

第四节 心肺耐力素质的测定与评价

一、测定的意义

心肺耐力素质是健康体适能力各要素中最重要的一项，也被称为"全身耐力"。从机能上讲，心肺耐力素质主要与人体的心血管系统、呼吸系统的机能有关。在相对安静的状态下，绝大多数人的心肺功能都能够适应安静状态时对机体的需要，但在体力负荷增加的情况下，心肺耐力的个体差异就可能明显地表现出来。

心肺耐力素质测定主要是采用运动负荷试验的方法，观察测试者完成定量负荷所需要的时间、负荷后心肺功能的反应或观察在固定时间内能完成的运动负荷量的大小。根据试验结果，可对心肺耐力进行评价。任何一种测定方法都能表明心肺耐力素质的水平，可作为是否需要进行耐力训练的依据。

二、测定的指标与评价

台阶试验是评定心肺耐力的主要测定方法，其他测定方法还包括适合不同人群的不同距离的走、跑、定时上下楼梯和跳绳等。

《国家学生体质健康标准》中，测定方法有台阶试验、1000 m跑（男）和800 m跑（女）。

（一）台阶试验

台阶试验方法与《国民体质测定标准》中的方法基本相同，但台阶高度有所区别（表4-5）。评价标准见表4-6。

表4-5 《学生体质健康标准》台阶试验高度

年级	男	女
大学	40 cm	35 cm

表4-6 《学生体质健康标准》台阶试验评价标准

性别	年级	优秀	良好	及格	不及格
男	大学	>= 67	65～53	53～46	< 46
女	大学	>= 60	59～49	48～42	< 42

（二）1 000 m跑（男）和800 m（女）（初中、高中、大学）

测试场地必须丈量准确，地面平坦。受试者至少两人一组进行测试，站立式起跑。记录1000 m或800 m的成绩。评价标准见表4-7。

表4-7 《学生体质健康标准》各种距离跑评价标准

性别	年级	测试项目	优秀	良好	及格	不及格
男	大学	1 000m	< 3min39s	3min42s～3min58s	4min33s～4min05s	> 4min40s
女	大学	800m	< 3min38s	3min42s～3min58s	4min23s～4min03s	> 4min30s

第五节 柔韧性素质的测定与评价

一、测定的意义

身体的柔韧性素质被公认为是健康体适能的要素之一。柔韧性素质与人体关节活动幅度的大小，以及跨过关节的韧带、肌腱、肌肉等的延展性有关。目前对于柔韧性的评价，虽然可以用各种仪器对关节活动范围进行测量，但是，用一些简单易行的方法对这一要素进行测定和评价，仍有重要的实用价值。

对一般人来讲，柔韧性下降主要表现在躯干和下肢的下降，坐位体前屈为测定柔韧性素质的主要方法。随年龄的增长，肩周炎的发病率增加，肩关节的活动幅度的测定，也成为评价柔韧性素质的重要内容。

二、测定的指标与评价

柔韧性素质测定指标包括躯干和下肢柔韧性的坐位体前屈试验，肩关节活动的持棍转肩、双手背勾试验，以及躯干旋转活动性的臂夹棍转体试验等。

《国家学生体质健康标准》中测试柔韧性素质的指标为坐位体前屈。

使用坐位体前屈测试仪，受试者需两腿伸直，两脚平蹬测试纵板在平地上，两脚分开 10cm～15cm，上体前屈，两臂伸直向前，用两手中指指尖逐渐向前推动游标，直到不能推动为止。测试两次，取两次中最好成绩。测试时两腿不能弯曲。评价标准见表 4-8。

表 4-8 《学生体质健康标准》坐位体前屈评价标准

性别	年级	优秀	良好	及格	不及格
男	大学	19.8 以上	19.8～12.5	12.5～3.0	3.0 以下
女	大学	18.6 以上	18.6～11.3	11.3～1.7	1.5 以下

第五章 大学生体质健康与心理健康

第一节 大学生的心理健康特征

　　处在大学这个年龄阶段的学生是个性基本完善和定型的时期。他们正经历着从中学依赖父母照顾、依赖老师教育管理到进入大学一切主要靠自己来独立完成的转变，特别是随着生理发育的成熟，心理发育也日渐成熟，大学生群体生活意识提高，社会责任感增强，他们关心时政，思想活跃，观察力、注意力以及概括、理解、分析、记忆、思维等生理机能进一步发展，知识面及深度迅速发展，其思维更具创造力及创造性；他们拥有远大志向、胸怀宽阔、充满探索及自我牺牲精神，并且情感丰富，有改变周围现实的欲望及冲动；他们求知欲望强，对新理论、新知识、新事物，特别是对计算机及相关行业快速发展的理论、产业、甚至产品有极强欲望并全身心投入；他们喜爱各种艺术，爱好文学，爱交流，涉足恋爱，对生活极具激情。然而，大学时期毕竟是发育时期，生理及心理发育尚未完全成熟，没有真正走入社会，没有生活经历，看待问题较为简单，富于幻想，想法常有片面性及局限性，在现实生活中难以实施，极易引起心理上的冲击。心境与行为变化很大，有时表现出过度兴奋的愉快状态，甚至出现不能自制的行为；有时则又表现出抑制与萎靡状态，怀疑与动摇，孤居独处。由于大学生基本心理特征是迅速走向成熟而又没有真正完全达到成熟的阶段，使大学生心理上出现了自己的一些特征。

大学生精力旺盛、思想活跃、感情丰富、求知欲强。然而由于生活环境单一、社会阅历少和在经济上依赖父母或其他人，许多大学生的心理成熟水平与生理成熟水平并不一致，他们特殊的社会地位使他们的心理活动较其他同龄人更为复杂，心理冲突更为频繁。

大学生心理活动的特点主要表现在自我意识、情绪发展、智能发展和社会化心理发展四个方面。

一、大学生的自我意识特点

自我意识是指人对自己以及与周围事物关系的一种认识，包括自我观察、自我评价、自我体验、自我教育、自我监督和自我控制等形式。

进入青年期后，人们十分注重自我观察和分析。随着个体新的自我体验积累和社会对个体要求的增高，本来完整的自我意识出现了分化，分解成一个"理想自我"（希望自己是一个什么样的人）和一个"现实自我"（现在是一个什么样的人），也就是说青年人学会了使自己既是自我观察者，同时又让自己是被观察的对象。处在观察者地位的是理想自我，被观察到的是现实自我。这种分化是自我意识走向成熟的开始。大学生自我意识的发展正处在这一阶段。理想自我和现实自我之间的不一致常常给大学生带来极大的内心痛苦和严重的心理冲突。另外，由于当今社会的剧烈变化，成人社会所具有的人际关系和规范不断变动，也使大学生自我要领不断受到冲击，他们常常为无法确定自己是什么样的人和怎样成为想要成为的那种人而不安。

（1）不少大学生在自我观察和自我评价中面临着困惑，尽管多数大学生在自我评价时已经逐渐摆脱所受外界期望的影响，而更多地从是否达到了自我内心标准来评价自我，但由于他们的个人经历相对简单，失败和挫折的体验比其他同龄人和成年人要少得多，因此往往将自己在各方面的能力估计过高，也就是把理想自我的标准定得过高。在面对复杂的现实生活挑战时，他们一旦发现了现实自我与理想自我之间的差距，就很容易对自己的能力产生怀疑，自信心发生动摇，这种现象在低年级大学生中最为常见。

一年级大学生刚刚在激烈的高考竞争中获胜，骄傲地跨入了"天之骄子"的行列，大有"指点江山"的激昂气概。他们要在新的生活中表现自己的才华，证明自己的价值，因此处处表现出强烈的意识。但是这种较高的自我意识并不意味着"自我"的成熟。复杂的现实生活使他们的自我期望不断受到挑战，遇到的挫折更使他面临理想自我与现实自我、自我肯定与自我否定的对立冲突。他们不断积累成功和失败的经验，或提高现实自我的水平，或降低理想自我的标准，从而逐渐调整和完善对自我的认识。在这个过程中，他们开始真正具备客观评价自我的能力。毕业班大部分学生自我评价更加趋于客观，他们从中获得了稳定的自信心，理想自我和现实自我逐渐趋于统一，自我发展逐渐走向成熟。

（2）多数大学生的自尊心十分强烈，这与自我意识开始走向成熟有关。自尊心是一种积极的心理品质，自尊心得到满足会促使大学生对生活采取一种更加积极的态度。一般来说，自尊心是以自信心为基础的，不相信自己的人很难做到尊重自己并设法维持自己的尊严。但是过于强烈的自尊心却成为一种虚荣心，它往往掩饰一个人内心的自卑感。有些大学生对于批评过分敏感，甚至只要别人持有反对意见，他便觉得自尊心受到伤害而闷闷不乐或者大动肝火，实际上这是自信心不足的表现。还有些大学生强烈要求别人尊重他，而他却不注意尊重别人。不懂得尊重别人的人往往并不真正懂得自尊。

（3）大学生自我意识的另一个重要特点就是他们有强烈的表现欲望，必须通过表现才能获得社会的认可。大学生是一个具有极强进取精神的群体，因此表现欲格外强烈，这种表现欲使大学生中充满无形的竞争。学习中的竞争是最常见的，也是最困难的。第一名只能有一个。因此，许多人感到获胜无望就自动放弃从而转向其他方面的竞争，如体育竞赛、文娱表演及其他社会活动等，甚至交朋友、谈恋爱等也都可以作为表现和竞争的内容。竞争获胜可以大大增强他们的自信心，促使他们更加努力去生活；竞争失败，会使他们感到失落，有挫折感，有时甚至会使他们产生自卑感，进而轻视自己而离群独处，有的甚至导致心理障碍。

二、大学生情绪和情感发展特点

大学生在各方面的需求迅速增长，包括独立的需求、爱的需求、尊重的需求、成就的需求、交往的需求等。随着这些需求得到满足，他们的情绪也更加复杂化和多样化。大学生和其他青年人一样感情奔放、鲜明、激烈而又丰富多彩，但由于他们独特的社会地位和生活环境，其情绪发展与其他青年人又有所不同。大学生的应激能力比其他青年要强些，而心情愉快或抑郁、平静或焦虑常常直接影响他们的行为。

随着受教育程度的加深，大学生心理的进一步发展，独立思考能力不断提高，大学生的理性、责任感、爱国主义及集体主义思想、道德感等都会有极大的提高，随着自尊心、自信心的建立，他们的心理素质逐渐成熟，情绪趋于稳定，对许多问题会有自己的独立见解，能思考自己的命运与前途。

谈及情绪不能不谈及情感，因为情感是情绪的本质体现。情感通过情绪表达，并且情绪的变化往往受情感的控制，两者之间是一个十分复杂的心理过程。成熟而又稳定的心理，其情绪必然受到情感的良好调控。情感也称为情操，包括道德感、理智感和美感三种类型。理智感是人类在智力活动的过程中因认知和追求的需要而产生的体验，表现在对新的发现产生的喜悦感，对科研中出现的新现象产生的惊讶感及对问题不能作出判断时产生的犹豫感等；道德感和美感受社会生活和历史条件的制约，不同时期、不同社会制度下，人对社会道德行为准则产生的感受体验是不同的，对事物美的体验也有很大的差别。

下面再谈谈情绪表达的四个概念。

激情：是猛烈、爆发、短暂的情绪。积极的激情对智力活动有促进作用，而消极的激情会使人失去理智和自控力。

热情：是较强烈、稳定、深厚的情感，是出自内心对某种事物的喜爱而表现出的情绪。高涨的热情能极大地鼓舞人们去从事一切工作，在愉快的情感支配下，坚持不懈地完成预定的任务。

心境：是微弱、宁静、持久的情感，具有一定的感染性。它能使人在一定时期内的一切体验和活动都染上某种特定的情绪色彩。

应激：是一种应付出乎意料的紧急事件时而引起的情绪反应。

激情、热情及心境均具有双重性，积极的一面能提升智力，促进工作及学习，消极的一面使心理受挫，思维受阻，影响工作及学习。由于社会环境的迅速变化，大学生常常处于竞争环境之中，心理压力较大，加之社会阅历与经济条件不足，应激能力可能受到一定的限制。

多数大学生已经基本上学会控制自己的情绪，不像儿童那样哭笑无常，但是情绪的表达方式仍然保留一些"儿童式的幼稚"，主要表现为波动性、冲动性和闭锁性3个特征。

（1）波动性：不少大学生的情绪波动明显，外界刺激不论巨细都有可能使他们的情绪大起大落。他们常常为了一封远方来信而欢天喜地或暗自垂泪；为了一场表演赛的输赢而捶胸顿足或欣喜若狂；刚刚还在为某件事的成功而踌躇满志，转眼就会为了另一件事的受挫而灰心丧气。情绪的不稳定常与人的心理发育不成熟有关。

（2）冲动性：大学生对外界刺激十分敏感，反应迅速，他们情绪表达的冲动性比老年人要强得多。由于他们还不是十分善于控制自己的情绪，因此他们的喜、怒、忧、恐常常表现得极其强烈而充分，他们的行为常常受到激烈的情绪支配和影响，有时还会造成一些他们自己都不希望出现的不良后果。

（3）封闭性：有些大学生性格内向，把自己的情感体验深藏在心中，极少向人表露，显示出一种封闭心理。遇事"镇定自若、不动声色"对中老年人来说，可以是情绪成熟的表现，但对青年学生来说，若情绪表达过少，多半是由抑郁倾向所引起。

不少有闭锁心理的大学生在童年时期就被迫隐藏自己的感情，长大后这种做法渐渐成为一种无意识的习惯，实际上他们的心理冲突往往比其他人更尖锐，也更容易产生心理问题。

三、大学生智能发展特点

在普通心理学中，智能也称智力，指的是人的一般能力，包括观察力、记忆力、想象力、思想能力、判断分析能力等。在社会心理学中，人的社会化理论认为个体必须适应所处的社会环境，才能获得生存和发展的可能。专家认为要做到社会适应，就必须具备一定的能力，这种能力就称为社会智能。

对于大学生来讲，智力发育已趋成熟，主要表现在思维能力方面。人的思维发展是一个由低级到高级、由具体到抽象的过程，一般经历直觉思维—形象思维—抽象逻辑思维的变化。中小学教育培养学生以直觉思维、形象思维为主，而大学教育主要培养学生理论型的抽象逻辑思维，在这个阶段，知识量急骤增加，学习涉及各个专业，通过接触社会，参与科研的方式分析问题，寻找内在联系及因果关系，不但要"知其然"而且要"知其所以然"。所以说，抽象的逻辑思维形式是学生智力发育成熟的标志。

大学生以各种方式获得的知识的广度是空前的，他们的智力发展达到一生中平均智力的最高峰。特别是思维能力明显增强，抽象逻辑思维逐渐形成。他们在思考问题时已经不满足于现象的罗列和现有的结论，而是要求揭露事物的本质和发展规律，要求有理论深度。他们思维的敏捷性、创造性、独立性和批判性也都明显增强，不再愿意被动接受知识灌输，而是已经开始有选择地吸取自己认为有用的知识。

然而为什么校园中总有那么多需要补考的大学生？为什么大学生中会有各种形式的适应不良？为什么一些大学中的优等生，走上工作岗位后却默默无闻，长时间做不出成绩？事实上，这些情况中的绝大多数都不是智力性因素所致，而是与一些非智力性的心理因素有关，其中社会智能发展不完善是重要原因之一。

社会智能也就是个体处理社会事务的能力。有人认为大学生应具备的社会智能可包括6个能力群的12种社会智能，详见表5-1。

表5-1 大学生应具备的社会智能

能力群	社会智能
人际协调能力（调整与他人之间的关系，使之达到和谐的能力）	内聚相处能力（同与本人生活密切相关的人相处能力） 延展交往能力（同与本人生活无关或有较疏远关系的人交往能力）
社会参与能力（参加社会活动的能力）	参与介入能力（使自己投入某个环境中去并发挥作用的能力） 角色定位能力（在某一个场合中找到自己应处位置的能力）

续表

能力群	社会智能
社会评价能力（对社会中的人和事进行客观评判的能力）	自我评价能力（对自身进行客观评判的能力） 环境评价能力（对外部环境进行客观评判能力）
决策计划能力（制订计划和统筹安排的能力）	微观计划能力（合理安排具体事务的能力） 宏观决策能力（对重大事件做出决定或完成某项大型工作的能力）
事务操作能力（解决具体问题的能力）	单独执行能力（独立完成某项具体事务的能力） 调动能力（从整体上考虑安排人员去完成某项工作的能力）
语言表达能力（通过语言将自己的思想、观点、感情等表达出来的能力）	劝说能力（用语言说服一个或几个人改变其原有观点的能力） 演讲能力（在公众场合演说并使众人接受自己观点的能力）

四、社会化心理特点

大学生的社会化就是指学生个体通过学习社会生活必需的知识、技能、道德、行业规范，从而获得社会生活资格，培养社会角色，不断发展和完善自身社会性的过程。大学生处于社会化过程的重要阶段，对个人成长与发展将会产生重大影响。

大学生社会化过程中个体的心理发展，是大学生总体心理发展过程的组成部分。社会化心理从不适应阶段逐渐过渡到社会顺从阶段，最终趋于社会成熟是一个必然过程。刚入校，大学生一般生活、学习依赖性较强，处理能力较差，易感情用事，理智感较弱，对学校社会化的要求明显不适应。随着时间推移（约半年），他们开始熟悉及适应大学学习环境，注意积极的社会顺从，参与各种社会、集体活动，除学习外，也注意了解现实社会，学习处理人际关系，较多地思考理想与人生观，对未来生活目标、职业定向日趋明确。经过大学阶段系统性教育，使他们在较高层次上掌握了专业知识及技能，并在社会生活及人际交往中也积累了一定的经验，个性基本形成，对自我的评价趋于客观，社会化心理趋于成熟，已经能完全进入社会角色。

第二节　大学生的心理健康现状

近年来，有关部门就大学生的心理健康问题进行过多次调查和研究，结果都显示大学生心理问题的发生率较高，情况不容乐观。

教育部对全国12.6万大学生抽样调查的一份报告表明，中国大学生心理疾患率为20.33%。大学生中存在各种心理问题及障碍的人数比例较高，占总数的20%左右。其中常见的心理问题主要有适应不良、神经衰弱、抑郁、焦虑、强迫、人际关系障碍及敌意等。另据调查，25%的广东学生存在不同程度的心理困惑和轻度心理障碍。

影响大学生心理健康的主要因素为：学习压力大、考试成绩不理想、家庭问题、经济问题、人际关系、恋爱及性问题、身体患病及生理缺陷等。研究还表明，大学生心理压力水平明显高于其他各职业人群。

大学生因健康状况不良而休学、退学的主要原因是精神及心理疾患。据北京16所高校统计，从1983年开始，因精神及心理疾患而休学、退学的293名大学生，分别占总休学、退学人数的37.9%和64.4%。在所有休学大学生中所占的比例，已取代了过去的传染病而跃居第一位。以武汉大学为例，近三年其所占比例已经达到65%（28/43）。在武汉地区的高校中，每年因为心理疾病无法完成学业的大学生人数约占总数的0.1%。

大学生的心理疾患不仅严重影响学业，还会导致自杀等冲动行为，令人深感痛惜。

第三节　影响大学生心理健康的因素

一个人的心理发展贯穿一生。随着年龄的增长和经验的积累，人的心理活动逐渐走向成熟。但是这种成熟并不是意味着一个人的心理不再会有发展，也并不是说明成熟的心理活动一定是健康的和不可改变的。

一、环境变迁

心理学研究表明：个体所处环境的巨大变迁也会使个体产生心理应激。虽然环境变迁也是生活的一部分，但这种变化对个体的影响比较突出。

生活环境的变迁对新生是一个不小的挑战。这种变化的主要方面就是要自己独立生活，应付一切生活琐事。例如，几个同学共住一个寝室，彼此生活习惯、作息安排、语言隔阂，都需要去面对和适应。尤其很多新生有远离家乡、亲人的问题，要适应起来还需一段时间。但相对来讲，大学生对新的人际关系的适应远比对学习和生活环境的适应困难。进入大学意味着进入全新的人际关系之中。面对来自各地，风格特点各异的新同学，如何建立友好的人际关系是非常重要的。大多数学生在入学前一直生活在自己所熟悉的环境中，人际关系相对稳定，而一旦进入大学，将面临一个重新结识他人，确立人际关系的过程。这一过程的进展将对整个大学生活产生非常大的影响。在大学生中普遍存在的人际关系问题，可能都与新生阶段的人际关系状况有着一定的关系。

对新环境的适应也包括对自己地位变化的适应。这种变化既包括全新的学习内容与学习方法的改变，也包括新的人际关系的建立、语言表达能力的提高与未来发展定位等。全新的角色要求大学生重新评价自己与他人，重新设计自我。在适应过程中，一个基本的特点是大学生在新的环境中希望自己优秀。对于刚刚经历巨大环境变迁的新生来讲，不仅存在一个适应外部环境的问题，更重要的是他们也面临一个自我调节的过程，而以前的新生入学教育更多注重的是前者，而对后者则相对不太重视。实际上，正是后者对他们的心理健康状况影响较大。总的来看，无论是对学习和生活环境的适应，还是对人际关系以及自我地位变化的适应，都会极大地影响大学生们当时的心理健康状况。

二、学业期望

大学生学习的重要特点是学习自主性，大学生成为学习活动的主体，而教师是学习活动的指导者。因此大学生面临学习方法、学习内容与学习习惯的巨大转变，这也包括对自己学习能力的重新评估。

许多学生在中学时代具有明显的学习优势，对自己有着较高的学业期待。在大学里，又面临着学业期待的变化，即学业优势的失落及对自己的学业重新定位。如果大学生缺乏足够的思想准备，不能恰当接受和对待学业成绩，就会出现自信心下降、自卑感上升，甚至还会出现强烈的嫉妒心理和攻击行为。

大学的学习目的、学习方式、学习内容都是有别于中学的。随着社会对大学生要求的提高，企业用人标准的转变，促使很多在校大学生在学习专业知识的同时还要选修一些相关知识，如外语、计算机、汽车驾驶等，考取各类证书以适应激烈的市场竞争。如果大学生学习方法不当，学习动机不正确，学习目的不明确，自我约束能力弱，就会容易出现焦虑、紧张等不好的情绪反应，同时还会严重影响自信心，产生苦恼以及自我否定等心理问题，从而导致学业失败。学业成绩不理想以至学业失败极大地影响着学生的心理健康。

三、人际关系

与中学生相比，大学生的人际关系更为复杂，角色呈多元化。大学生都是来自不同地域、不同教育背景、不同经济状况，带着各自的生活习惯与学业期待来到大学，新型人际关系的适应是大学生面临的重要问题。

大学生与人交往和相处的经验相对较少，在短期内建立起一种和谐的人际关系，往往需要很多的技巧，而大学生们往往只感受到这一问题的重要性及其压力，而缺乏必要的经验和技巧。人际关系更多地反映人们的一种性格特点和交往模式。因此，大学生的人际关系与自我认知和他人认知相关。一方面，他们对良好的人际关系抱有极大的期望，希望能够建立和谐、友好、真诚的人际关系；另一方面，这种期望又往往过于理想化，对别人要求或期望太高，而造成对人际关系状况的不满。这种不满又会反过来对他们的人际关系带来消极的影响。集渴望交往的心理需求与心理闭锁的矛盾于一身。

大学生中重要的人际关系是异性交往，这既包括两性之间友谊的发展，也包括爱情的成长。在与异性交往中重新认识与确立自己的方位与坐标，有的大学生面对异性的追求茫然不知所措，不知如何拒绝，也不知如何去爱；有的大学生将爱情置于学业之上，甚至认为爱超越一切，当失恋的打击袭来时，没有充分的心理准备，不知如何面对分手，面对自己。

四、自我认知

大学生活始终是丰富多彩、令人向往的，然而大学生在进入大学以后，由于学习生活环境的转变、自身所具备的特点等因素的影响，大多数人对自我的评价也在逐渐发生转变。这些不仅表现在学习成绩、生活起居上，还表现在知识面、社会经验、人际交往以及个体综合能力等方面。自我认知也会出现两极震荡，当取得一点成绩时容易自负，而遇到挫折时容易自卑。不断地调整自我认知对每位大学生都非常重要。

大学生作为同龄人中学业优秀的群体，现实自我与理想自我总有一定的差距。如果对这一客观事实认识不足，就会引起认知上的矛盾，从而严重影响大学生的心理状态。在客观现实面前，有的大学生能够及时调整对自身的认识，重新确立目标；而有些大学生则企图逃避与理想现实的矛盾冲突，出现消沉、颓废、苦闷、抑郁等心态，或通过玩乐、放纵来发泄对现实的不满，以此来麻痹自己的心灵，甚至产生自杀的想法。

处于大学阶段的青年人已强烈意识到"自我"，也注意到了自我的脆弱，因而产生出强烈的充实自我、发展自我的需求。有的同学在追求发展自我中顾此失彼，没能达到期望的目标，从而产生了不良心理反应。还有的同学，在发展自我过程中放大了自我弱势，忽略了自我优势，由于害怕暴露自己的弱点而采取防御机制，缺乏必要的社会支持，甚至产生严重的苦闷和恐惧不安等心理反应。

五、心理冲突

心理冲突是指个体在有目的的行为活动中，存在着两个或两个以上相反或相互排斥的动机时所产生的一种矛盾心理状态。心理冲突常常会造成动机部分或全部不能满足，同时也使动机所指向的目标的实现受到阻碍，动机与挫折相关，也是造成挫折和心理应激的一个重要原因。大学生的心理冲突既有群体的冲突如独生子女与贫困学生特有的心理冲突，也有个体发展中面临的升学与就业、学业与情感等的冲突。

大学时代是心理断乳的关键期。心理断乳意味着个人离开父母家庭的监护，彻底切断个人与父母家庭在心理上联系的"脐带"，摆脱对家庭的依赖，成为独立的个体，完成自我心理世界的建构。当多重发展任务同时落到大学生身上时，必然会产生各种各样的心理冲突。事实上，大学生的心理冲突并非是非判断引起的冲突，而是由于选择带来的取舍。如升学还是就业，都只是人生诸多选择的一种，并不会从本质上改变人生的方向。如毕业后是否从事本专业，都是实践中再选择的过程。

六、生活事件

生活事件指人们在日常生活中遇到的各种各样的社会生活的变动，生活事件不仅是测量应激的一种方法，也是一项预测身体和心理健康的重要指标。大量的研究表明：即使是中等水平的应激事件，如果它们连续发生，对个体抵抗力持续累加，也会产生非常严重的作用。如大学生经历人际关系的疏离、评优失败及失恋，会出现明显的心理不适。

在生活事件中，重要丧失对大学生心理健康起着消极作用，如重要人际关系的丧失、荣誉的丧失等。重要的人际关系主要是指与家人、朋友，特别是异性（恋人）的关系。这种关系一旦丧失或出现问题，不仅仅会影响他们的情绪以及学习和生活，更重要的是，可能会极大地影响大学生对自身及今后人生的看法。其中失恋带来的挫折感尤为严重。荣誉的丧失，一般表现在认为可以获奖学金或评优、入党却没有实现目标，或者考试作弊、违纪受处分等。重要丧失在一定程度上会影响大学生心理健康，严重时会导致心理障碍。

对生活事件与心理健康之间的关系进行解释时，一般认为生活事件的产生会增加个体适应环境的能力。个体每经历一次生活事件，就必须付出精力去调整由于这一事件的发生带来的生活变化，这也会提高个体抗挫折能力。

七、家庭环境

家庭的影响主要包括家庭的情绪氛围、父母的教养态度、家庭结构和家庭经济状况四个方面。家庭是人生的奠基石，父母是孩子的第一任老师，对学生的成长与成才的影响是长久而深远的。家庭的情绪氛围是良好心理素质形成的前提，家庭成员间的语言及人际氛围，直接影响着家庭中每个成员的心理状况，对个性逐渐成熟的大学生的影响更具有特别的意义；父母的教养态度和教育方法直接影响孩子的行为和心理。民主、平等而非命令、居高临下的，开明而非专制的，潜移默化而非一味娇宠的教养态度与教育方法有利于学生心理的健康发展；家庭结构的变化如单亲家庭、重新组合家庭等因素必然会对正在读书的大学生心理产生一定影响；家庭经济状况特别是来自困难甚至贫困家庭的学生易产生心理不适感。由家庭环境带来的学生心理问题其影响是深远而长久的。

第四节　大学生心理健康的标准

人的身体是否健康可以通过对一些生理活动指标的测定来获知，如体温、血压、脉搏、血液成分等。人的心理是否健康却不容易找到一个大家公认的标准。

著名心理学家马斯洛和密尔曼曾提出人的心理健康的几条标准：①是否有充分的安全感。②是否对自己有充分的了解，并能恰当评价自己的能力。③自己的生活理想和目标能否切合实际。④能否保持自身人格的完整与和谐。⑤是否具备从实验中学习的能力。⑥能否保持适当和良好的人际关系。⑦能否适度表达和控制自己的情绪。⑧能否在集体允许的前提下有限度地发挥自己的个性。⑨能否在社会规范的范围内适度满足个人的基本要求。

美国学者坎布斯认为一个心理健康、人格健全的人应具有：①积极的自我概念。②恰当地认同他人。③面对和接受现实。④主观经验丰富，可供取用。

人的心理活动是一个不断发展和变化的过程，因此一般认为心理健康是一种保持动态平衡的心理状态。心理健康的人并不是永远不会有痛苦和烦恼，而是在遇到挫折和失败时能更多地表现出积极适应的倾向，使自己保持生命活力，以便能充分发挥身心潜能而给自身带来快乐和成就。

根据我国大学生的心理活动特点和社会对于他们的需要，心理健康的大学生应具备以下心理品质：

一、智力正常

智力，是人的观察力、注意力、记忆力、想象力、思维力、创造力及实践活动能力等的综合，包括在经验中学习和理解的能力、获得和保持知识的能力、对新情境做出反应的能力和运用推理有效解决问题的能力等。这是大学生学习、生活与工作的基本心理条件，也是适应周围环境变化所必需的心理保证，因此，衡量大学生的智力是否正常，关键在于其是否正常、充分地发挥了自我效能，即有强烈的求知欲，乐于学习，能够积极参与学习活动。

二、情绪健康

情绪健康的标志是情绪稳定和心情愉快。包括的内容有：愉快情绪多于负面情绪、乐观开朗、富有朝气并对生活充满希望；情绪较稳定，善于控制与调节自己的情绪，既能克制又能合理宣泄自己的情绪，情绪的表达既符合社会的要求又符合自身的需要，在不同的时间和场合有恰如其分的情绪表达；情绪反应与环境相适应，反应的强度与引起这种情境相符合。

三、意志健全

意志是人在完成一种有目的的活动时进行选择、决定与执行的心理过程。

意志健全者在行动的自觉性、果断性、顽强性和自制力等方面都表现出较高的水平。意志健全的大学生在各种活动中都有自己的目的性，能适时地做出决定并运用切实有准备的方式解决所遇到的问题，在困难和挫折面前，能采取合理的反应方式，能在行动中控制情绪，能做到言而有信，而不是盲目行动、畏惧困难，顽固执拗。

四、人格完整

人格是个体比较稳定的心理特征的总和。人格完整是指有健全统一的人格，个人的所想、所说、所做都是协调一致的。人格完整包括人格结构的各要素完整统一；具有正确的自我意识，不产生自我同一性混乱，以积极进取的人生观作为人格的核心，并以此为中心把自己的需要、目标和行动统一起来。

五、自我评价正确

正确的自我评价是大学生心理健康的重要条件，大学生在进行自我观察、自我认定、自我判断和自我评价时，能做到自知。恰如其分地认识自己，摆正自己的位置，既不以自己在某些方面高于别人而自傲，也不以某些方面低于别人而自卑，面对挫折与困境，能够学会自我接纳，喜欢自己并接受自己，能够自尊、自强、自制、自爱，正视现实并积极进取。

六、人际关系和谐

良好而深厚的人际关系，是事业成功与生活幸福的前提，其表现为：乐于与人交往，既有广泛而深厚的人际关系，又有知心朋友；在交往中保持独立而完整的人格，能做到有自知之明，不卑不亢；能客观评价别人和自己，善于取人之长，补己之短，要宽以待人，乐于助人，积极的交往态度多于消极态度，交往动机端正。

七、社会适应正常

个体应与客观现实环境保持良好秩序，既要进行客观观察以取得正确认识，以有效的办法应付环境中的各种困难，不退缩，又要根据环境的特点和自我意识的情况努力进行协调，或改变环境适应个体需要，或改造自我适应环境。

八、心理行为符合大学生的年龄特征

大学生是处于特定年龄阶段的特殊群体，大学生应具有与年龄、角色相适应的心理行为特征。

正确理解大学生心理健康的标准应重视以下几个方面：一是标准的相对性。事实上，大学生心理健康与不健康也并无明显界限，而是一个连续化的过程，如将正常比作白色，将不正常比作黑色，那么在白色与黑色之间存在着一个巨大的缓冲区域——灰色区，世间大多数人都散落在这一区域内。这说明，对于多数大学生而言，在人生的发展过程中面临心理问题是正常的，不必大惊小怪，应积极加以矫正。与此同时，个体灰色区域也是存在的，大学生应提高自我保健意识，及时进行自我调整。人的健康状态是一个动态问题，当一个人产生了某种心理障碍并不意味着永远保持或行将加重。形成心理冲突是非常正常的，而且是可以自行解决的。二是整体协调性。把握心理健康的标准，应以心理活动为主，考察其内外关系的整体协调性。从心理过程看，健康人的心理活动是一个完整统一的协调体，这种整体协调保证了个体在反映客观世界的过程中的高度准确性和有效性。事实表明，认识是健康心理结构的起点，意志行为是人格面貌的归宿，情感是认识与意志之间的中介因素。从心理结构的几个方面看，一旦它们不能符合规律进行运作时，就可能产生一系列的心理困扰或问题。从个性角度看，每个人都有自己长期形成的稳定的个性心理，一个人的个性在没有明显的剧烈的外部因素影响下是不会轻易发生变化的。从个体与群体的关系看，每个人在其现实性上可划分成不同的群体，不同群体间的心理健康标准是有差异的。三是发展性。事实上，不健康的心理可能是人在发展中不可避免的发展性问题，随着个体的心理成长会逐渐调整而趋于健康。

心理健康的标准是一种理想尺度，它可以帮助人们判断心理是否健康，同时也为人们指出了提高心理健康水平的努力方向。如果每个人在自己现有基础上能够做不同程度的努力，追求自身心理发展的更高层次，从而也会不断发挥自身的潜能。大学生心理健康的基本标准，是他们能够进行有效的学习和生活的前提。如果正常的学习和生活都难以维持，就应该及时予以调整。

第五节　大学生心理健康的维护

心理卫生又称精神卫生或精神保健，它是研究如何做到身心健康的一门科学。增进大学生的心理健康必须依据个人心理活动的一般规律，按照心理卫生的原则，培养健康的心理活动，使之形成开朗、健全的性格，发挥个体的积极性，通过自我调节和控制，积极主动地维护身心健康。维护好大学生的心理卫生主要有以下几个方面：

一、树立正确的人生观

一个人树立正确的人生观，就能对社会、人生、行为、是非有正确的认识，而且能够科学地分析周围环境发生的变化，防止心理反应的失常。

二、增强社会适应能力

适应是人类为了谋取生存的需要与环境发生的协调，以便适应环境、改造自己，保护个体健康地生存。

人类在社会实践及生产实践中，必须从实际出发，面对现实做出正确的有效的适应，积极地解决所遇到的各种问题。进入大学后，由于环境的突变，许多人不适应，如脱离了父母的照顾，生活能力差，学习生活的变迁等，若不认真对待这些问题，就很有可能产生心理障碍和身心疾病。如适应能力强，面对现实积极主动地提高自我管理能力，改进学习方法，主动地适应新的生活，就会成为新生活的强者。

三、建立完美的自我

人贵有自知之明，但能够做到有自知之明是一件很不容易的事，必须做到自我观察、自我认定、自我判断和自我评价。不能自知的人，不愿判断自己的能力的真实水平，盲目从事非力所能及的工作，这不仅影响工作质量，而且容易过度疲劳和心理压力大而产生疾病。自觉地增强自知，培养自尊、自爱、自强、自信、自控是青年大学生修养的一项重要任务。

四、建立良好的人际关系

在人类社会生活中，人不可避免地要同他人交往。同他人交往建立良好的友谊可以获得安全感和满足感。

人类交往的基本动机是希望得到关心和尊重。互相关心、互相帮助、互相谅解、互相尊重，能促进人们身心健康。当一个人认识到别人对自己的帮助和关心时，他的自信、自尊、自强就会增加。如与他人交往不多，或者与他人关系比较紧张，或者谁都不喜欢与自己打交道而使自己"孑然一身，形单影只"，那么，无论是在事业方面还是在身心健康方面，都将会受到极大的伤害。

五、开展社会实践

劳动是社会存在和发展的基本原则。大学生的劳动包括脑力劳动和体力劳动两个方面。劳动可以促进德、智、体、美、劳全面发展。积极参与适当的劳动可以促进他们的身心健康，没有适当劳动的人难以维持身心健康。通过劳动与周围的人和事建立良好的和谐关系，对一个人的身心健康是十分重要的。

第六章 大学生体质健康与饮食、营养

第一节 运动与营养素

营养是谋求养生的意识。营养素是指维持人体正常生长发育和生存的物质，包括碳水化合物、脂肪、蛋白质、无机盐、维生素、水及膳食纤维。每种成分在食物中都起着重要的作用，人们的健康取决于每种成分的合理摄入量及各种成分的合理搭配。

我们说毅力加科学锻炼加合理的营养，是健身锻炼的成功之路。如果把健身锻炼比作一条船，毅力是它的双桨，那么饮食营养则是载舟之水。换句话说，只有科学的饮食营养，才能获取健身锻炼的最佳效果。毫无疑问，营养是运动锻炼的基础。尽管热量的摄取是当前减肥健美热中一个重要话题，但健美教练和健身指导员帮助健身者解决的问题不仅仅是计算热卡，一个人所摄取的食物类型对其总体的健康状况起着极其重要的作用。

一、营养目标

1993年2月，国务院颁布了《九十年代中国食物结构改革与发展纲要》（以下简称《纲要》）。《纲要》强调了我国20世纪90年代食品工作的重点。指出为保障人民日益增长的食物需求，要大力发展食品生产，还要大力改善和调整食品结构，尽快建立起适合我国国情、科学合理的人民膳食结构。要按照"营养、卫生、科学、合理"的饮食原则，继承中华民族饮食习惯中的优良传统，吸收国外先进经验，改革我国食物结构和人民消费习惯。要求20世纪末人均每日营养素供给量达到世界平均水平。城乡居民人均每日的主要营养素供给水平要分别达到：热量2 520千卡和2 630千卡（1卡＝4.184J），蛋白质74克和71克，脂肪81克和68克。

二、营养素

（一）碳水化合物（糖）

1. 碳水化合物的组成、来源和分类

碳水化合物是由碳、氢、氧元素组成的。碳水化合物的食物来源主要是小麦及淀粉类，包括面包及谷类、水果及蔬菜等。碳水化合物按其分子结构的不同，可分为单糖，包括葡萄糖、果糖及半乳糖（容易导致肥胖和脂肪积聚）；双糖（二糖），包括麦芽糖、蔗糖（食糖）及乳糖；多糖，它由三个以上单糖分子组成，有淀粉、原糖、食用纤维素及葡萄糖分子键等。所有种类的碳水化合物经消化后均会被转化成单糖，然后被吸收。

2. 碳水化合物的功能和供能特点

碳水化合物对人体的总体效应主要是稳定血糖水平，以增进调节食欲和体力的功能，促进脂肪代谢与糖原贮存。而且增加碳水化合物贮存量可避免蛋白质的过量分解和增加脂肪的代谢。一般低糖原贮存量会导致缺水、代谢及体力下降、脂肪的代谢消耗减少、低血糖症及饥饿感等。

（1）碳水化合物对人体的主要功能是：①制造三磷酸腺甘（ATP）的主要来源，可被人体直接使用，②有氧运动及无氧运动的主要能量来源，③中枢神经系统活动的能源，④丰满肌肉，⑤调节脂肪代谢，⑥节约蛋白质。

（2）碳水化合物的供能特点是：①产生能量快。②比蛋白质、脂肪耗氧低。③缺氧时，通过无氧糖酵解供能。④代谢产物CO_2、H_2O。⑤提高肌酸利用率。

3. 糖原贮存形式及膳食分配

糖原贮备主要适用于耐力性运动项目,它并非为爆发性或速度性项目而设,如耐力性项目的训练者(马拉松训练者等)。碳水化合物在人体中作为糖原形式进行贮存,主要分为三种形式:

(1)肝糖。它以糖原形式贮存于肝脏(75g～100g),需要时用以调节血糖浓度。

(2)血糖。它主要释放葡萄糖以供身体组织使用,血糖水平受胰岛素控制,而肌肉亦受此控制。其糖原的贮存量(约5g)。

(3)肌糖。它以糖原形式贮存于肌肉(360g～400g),也用于新陈代谢,超过机体需要的过多的碳水化合物会转化为脂肪,并储存于脂肪组织中。

碳水化合物是食物中最主要的也是最基本的供能物质,每克碳水化合物大约含热量四千卡。在人们目前一般饮食结构中,碳水化合物占总供能的46%,甚至更少。近年我国城乡居民谷类食物比1982年和1992年分别下降21%和10%,而肥胖者和糖尿病发病最高的大城市居民谷类食物摄入量最少,提供能量只占总能量的41%。然而我国的营养目标是要达到碳水化合物供能占总供能量的58%,碳水化合物中包括那些可用于供能的可消化类型(如淀粉和糖)以及膳食纤维等不能消化的食物类型。如果酱、软饮料等。

通常,碳水化合物在膳食中的分配主要是:膳食中的热量摄入,占总热量摄入的55%～65%,其中10%单糖类及50%复合糖类,训练者的热量摄入占总热量摄入的65%～70%。一般成年人每天摄入谷类、薯类及杂粮250g～400g为宜,摄入量最少也不应少于200g～250g,以防组织蛋白质的过量分解。以谷类为主是平衡膳食的基本保证,谷类食物中碳水化合物一般占重量的75%～80%,蛋白质含量是8%～10%,脂肪含量1%左右,还含有矿物质、B族维生素和膳食纤维。谷类食物是最好的基础食物,也是最便宜的能源。只有膳食中谷类食物提供的能量的比例达到总能量的50%～60%,再加上其他食物中的碳水化合物,才能达到世界卫生组织(WHO)推荐的适宜比例。为保证机体的正常工作,一般建议普通人每天需摄入量为500～600g碳水化合物。也有专家提出,减肥者碳水化合物应限制在占总热量的50%～60%,

甚至45%，以利于减肥。健美运动员在赛前减脂期，碳水化合物的摄入量甚至限制在占总热量的40%，那是为了拉肌肉线条，而减肥者完全没必要像健美运动员在赛前减脂期那样实施低碳水化合物限量，长期这样会产生一系列的副作用。研究证实，选用"食物血糖生成指数"（GI）低且富含碳水化合物的食物，作为肥胖者和代谢综合征患者尤其对糖尿病患者的膳食管理以及健康人群的营养参考依据是有非常积极意义的。然而简单地将糖尿病和肥胖患者增多归因于粮食吃得太多是不正确的。相反，希望增肌和长壮的人则应选择"食物血糖生成指数"（GI）高的食物，以利于增加肌糖原的合成和肌纤维的饱满度。

碳水化合物建议需要量：成年人每天为4～6 g/kg（体重），力量项目运动员每天为5～8 g/kg（体重），耐力项目运动员每天为9～11 g/kg（体重），减肥者每天向下限量［4g/kg（体重）］靠近。

关于补糖的几点建议：充分利用训练后补糖的最佳时间，除了运动前、中、后，尽量减少在其他时间食用加工过的糖，而选用富含膳食纤维的食物，如全麦食物，最后一次碳水化合物的摄入不要离晚上睡前太近。

提示：豆类、乳类、燕麦、蔬菜等纤维含量高，都是低GI值食物，魔芋粉的血糖生成指数只有17，在食物中几乎是最低的。而馒头、米饭、蛋糕、饼干、甜点等淀粉含量较高，则属于高GI食物，谷类、薯类、水果常因品种和加工方式不同特别是其中的膳食纤维含量发生变化，而引起GI的变化。例如，100 g土豆食物中淀粉的含量占17%，脂肪仅含0.2 g，而油炸土豆的脂肪含量将增加几十倍。此外，选择较粗糙的食物（没有经过太多烹调手续和较少调味品），少吃过于精致的食物，也是一种挑选低GI食物的方法。

4．低碳水化合物饮食对身体和运动的影响

人体能量的55%～65%靠碳水化合物供能。低碳水化合物饮食在各种不同的情况下，会对身体产生各种不同的影响。比如：肝糖耗尽时，会引起低血糖症，并且由于肌肉糖原耗尽，患者会出现体弱及疲倦现象，同时蛋白质也将被分解，以转化为糖类提供能量。当血糖过低后采用单糖分量高的膳食，会导致血糖过高症。一般正常血糖水平应是每100 ml血液中含80～100 mg，当低于45 mg时就属血糖过低症。假若运用低强度运动，就能增加脂肪消耗，避免糖原过量使用；但运动强度过高时，肌肉糖原会减少，而血糖则成为主要能量来源（75%～90%）。以植物性食物为主的膳食还可以避免欧美等发达国家高能量、高脂肪和低碳水化合物膳食模式的缺陷，对预防心脑血管疾病、糖尿病和癌症有益。研究证实，在主食摄入量一定的前提下，每天食用 85g 全谷食品（小米、高粱、玉米、荞麦、燕麦、薏米、红小豆、绿豆、芸豆等），能有效地减少若干慢性疾病的发生风险，还可以帮助控制体重。

运动员糖摄入不足的后果主要有：

（1）运动后糖原的耗竭不能很快恢复。

（2）运动中不能保持血糖水平，疲劳提早发生，运动能力下降。

（3）摄糖不足会造成肌肉蛋白分解，围度减小，体重减少。

（4）摄入过少时，会导致脂肪代谢减慢。

（5）缺乏会导致水分丢失，新陈代谢减慢，增加食欲。

5．注意事项

为了达到减少加工精制糖类而增加复合碳水化合物和纤维这一理想饮食目标，建议在饮食中作以下调整：

（1）减少像软饮料、蛋糕、小甜饼和类似的其他含糖食物的摄入量。

（2）增加全谷面包、粗粮、水果、蔬菜的摄入量。

（3）增加复合碳水化合物热量的摄入，相应地减少脂肪的摄入量。

（4）比赛前的数天，进行高碳水化合物膳食及减低训练强度，此方法可增加糖原储备量。

（5）训练后，首先须补充水分（用以调节体温及正常生理功能），然后补充碳水化合物。

（二）脂肪

1．脂肪的组成和种类

脂肪是由碳、氢和氧三种元素组成。其中游离脂肪为脂肪的最简单形式，最常见的包括棕榈脂、油酸脂及硬脂，有的还含有氮和磷。它是由一分子甘油和三分子脂肪酸脱水缩合而成的脂（也称甘油三酯，占95%）。在人体和动植物组织成分中，含有油脂（即脂肪）和类脂两大类化合物，总称为脂类。类脂主要包括磷脂、糖脂、固醇类等（占5%）。脂肪按其分子结构的不同，可分为饱和脂肪和不饱和脂肪两大类。饱和脂肪多来自动物，在室温条件下呈固态，动物油脂如猪油、牛油、鱼肝油和奶油等。不饱和脂肪多来自植物，在室温条件下呈液态（在两个碳原子中间含双键，碳键中含较少氢原子），植物的油脂如豆油、花生油、菜油和芝麻油等，它们是由脂肪酸与醇类所生成的脂，可分为单不饱和脂肪酸（可多吸取2个氢原子）和多不饱和脂肪酸（可多吸取4个或更多氢原子）。另外，脂肪还有其他一些特点。

（1）脂肪酸。属于多不饱和脂肪，来自鱼油中，可减低血中胆固醇及甘油三酯的水平，有效降低患冠心病的机会。

（2）胆固醇。肝脏将游离脂肪酸合成为胆固醇，以供身体应用。而肝脏亦使用胆固醇制造胆盐以帮助消化脂肪。其主要来源为动物及蛋、猪油成分的食品。

（3）脂蛋白。与胆固醇有极大关系，主要有蛋白质、胆固醇、磷脂及甘油三酯。具体可分为：

①高密度脂蛋白（HDL）。高分量蛋白质，中量胆固醇及磷脂，少量甘油三酯。从动脉壁去除低密度脂蛋白，将其运输到肝脏。这种脂蛋白被称为"好胆固醇"。

②低密度脂蛋白（LDL）。高分量胆固醇及磷脂，少量甘油三酯及蛋白质。此脂蛋白会附于动脉上，引致动脉粥样硬化。这种脂蛋白被称为"坏胆固醇"。

③极低密度脂蛋白（VLDL）。高分量甘油三酯，少量蛋白质。这种脂蛋白为低密度脂蛋白的先驱。

④磷脂。细胞膜的构造成分。

⑤亚油酸。是唯一的必需脂肪酸，为多不饱和脂肪酸，也是脂溶性维生素的载体。

2. 脂肪的主要功能

脂肪在体内的贮存形式包括以甘油三酯的形式贮存在皮下及器官组织周围

的脂肪细胞内；以游离脂肪酸贮存于血浆内；以甘油三酯的形式贮藏于肌肉内等。其主要功能包括：

（1）维持体温。

（2）保护脏器等重要器官和组织。

（3）贮存能量，提供必需脂肪酸。

（4）生产激素的原料。

（5）参与细胞的构建，构成血浆脂蛋白。

（6）影响脂溶性维生素的吸收。

（7）维持生物膜结构和功能，胆固醇可转变成类固醇、激素、维生素、胆汁酸等。

3．脂肪的需要量

脂肪是能量的另一种重要来源，每克脂肪所含的热量多出碳水化合物的两倍。WHO 推荐的脂肪能量为 20%～30%，为了保持较低脂肪，食物脂肪不超过总热量的 20%～25% 较适宜，每天约 40g～50g（包括植物油）脂肪即能满足必需脂肪酸（亚油酸、亚麻酸、花生四烯酸）的需求并保证脂溶性维生素的吸收，饱和脂肪酸（SFA）、单不饱和脂肪酸（MUFA）和多不饱和脂肪酸（TOFA）之间的比例约为 S：M：P＝1：1：1。

健美锻炼者饱和脂肪可占 5%，不超过 10%，单不饱和脂肪酸占 8%，多不饱和脂肪酸占 7%。

同时另一种类型的脂类——胆固醇的摄入量也设定每天不超过 300 毫克。为了达到这些目的，请注意保证做到以下几点：

（1）多吃瘦肉、鱼类、禽类、干豆、豌豆等食物，以作为蛋白质的来源。

（2）食用脱脂牛奶、低脂牛奶。

（3）限制鸡蛋（尤其蛋黄）和动物内脏器官类肉的摄取量。

（4）限制油脂，特别是那些富含饱和脂肪的种类，如黄油、猪油、奶油及一些含棕榈油和花生油的食物。

（5）烤、烧、煮而不应油炸，去除肉中的脂肪组织。

（6）少饮酒，因为大部分酒精将转化为脂肪。

4. 脂肪摄入过多或不足对身体和运动的影响

脂肪摄入过多的危害是：

(1) 造成肥胖、高脂血症及相关疾病，影响心血管的健康。

(2) 代谢产物蓄积，耐力下降，引起疲劳。

(3) 蛋白质、铁和其他营养素的吸收下降等。

脂肪摄入过低的危害是脂肪酸和维生素 E 缺乏，并影响脂溶性维生素的吸收以及肌肉细胞膜的修复。

提示：在碳水化合物、蛋白质和脂肪这三类产能营养中，脂肪比碳水化合物更容易造成能量过剩。1克碳水化合物或蛋白质在体内可产大约17kJ（4kcal）的能量，而1g脂肪则能产38kJ（9kcal）的能量，也就是说同等重量的脂肪是碳水化合物提供能量的2.2倍。另外相对于碳水化合物和蛋白质，富含脂肪的食物口感好，刺激人的食欲，使人容易摄入更多的能量。动物实验表明，低脂膳食摄入很难造出肥胖的动物模型。从不限制进食的人群研究也发现，当提供高脂肪食物时，受试者需要摄入较多的能量才能满足他们食欲的要求；而提供高碳水化合物低脂肪食物时，则摄入较少能量就能使食欲满足。因此进食富含碳水化合物的食物，如米面制品，不容易造成能量过剩使人发胖。造成肥胖的真正原因是能量过剩，而脂肪摄入过多又是肥胖的主要因素之一。

(三) 蛋白质

1. 蛋白质的组成和种类

蛋白质是人体最重要的生命物质，由碳、氢、氧、氮四种主要元素组成。氨基酸是组成蛋白质的基本单位。组成蛋白质的元素先按一定的结构组成氨基酸，再以肽键相连组成蛋白质。大部分蛋白质均由300个以上的氨基酸组成。通常，人体需要20种氨基酸，以组合成不同种类的蛋白质，供身体正常的生长和使用。蛋白质主要来源于食物中的肉类、奶类、豆类等。氨基酸的种类划分主要以是否能在人体内合成为前提的。比如必需氨基酸（8种），它不能在人体内合成，所以必须从膳食中供给，而非必需氨基酸（12种），它可以在人体内合成。其中食物中含各种氨基酸的数量是不同的。比如完全蛋白质（来自动物）食物，它含有足够量的必需氨基酸，以维持健康及促进发育；而不完全蛋白质（来自植物）食物，它缺少一种或多种必需氨基酸。

2. 蛋白质的功能

蛋白质是构成人体的主要成分，人体的 16%—19% 由蛋白质组成。在人体细胞中，蛋白质约占 1/3，蛋白质具有促进新陈代谢（每天有 3‰ 的蛋白质要更换，即新细胞代替老细胞）、修补旧组织、供应部分能量和调节生理的功能。比如：胰岛素、血红蛋白、线粒体内的氧化激素（活性物质）、体液和酸碱平衡及凝血机制，以及保护机体的抗体和氨基酸及血脂蛋白的载体等。另外，色氨酸及酪氨酸是生成人体大脑中一种重要神经传递物质。进行高强度运动时，肌肉中的亮氨酸会被分解以供给能量。进行健身健美训练时，蛋白质的主要功能是可以使肌肉发达，力量增长。此外，还可保证体内分泌物的平衡。

当足够的氨基酸满足机体需要后，剩余的氨基酸是不能贮存起来的。多余的氨基酸会通过脱氨基的作用，将含丰富氮元素的氨基释放出来，然后通过尿液及汗水排出体外。氨是一种有毒物质，会加重肝及肾的负担，引致脱水现象，同时还会使患痛风的人感到关节疼痛的程度增加。

肌糖原贮备充足时，蛋白质供能仅占总热量的 5%，肌糖原耗竭时，蛋白质作为能量来源可高至总热量的 15% 左右，减肥者在减体重过程中蛋白质可占总热量的 20%～25%。因为脱氧核糖核酸（DNA）有增加蛋白合成的功能，而所合成蛋白质的种类则视所参与的运动项目而定。如有氧运动会增加粒线体及氧化激素，而无氧运动则会增加收缩肌的蛋白。

3. 蛋白质供应不足的后果

（1）减脂速度缓慢。

（2）皮肤粗糙无光泽，易疲劳。

（3）机体抵抗力减低，生命脆弱而易病。

（4）健美爱好者肌肉增长缓慢。

4. 建议摄入量

每克蛋白质提供与糖相等的热量，也是 4 千卡/克，但却不是主要的供能物质。

（1）建议摄入量。青少年为2克/公斤（体重）/天，成人为0.8～1.2克/公斤（体重）/天，非从事锻炼群体为0.6～1.4克/公斤（体重）/天，少年运动员为2～3.4克/公斤（体重）/天。增肌者为1.6～2克/公斤（体重）/天（具体建议是，一般强度的锻炼需1～1.5克/公斤（体重）/天，大强度锻炼需1.5～2克/公斤（体重）/天，休息日需1克/公斤（体重）/天），有的增肌者甚至达到3.4克/公斤（体重）/天。减脂者为1.2克/公斤（体重）/天，有的减肥者有时达2克/公斤（体重）/天。

一般地，成年人每天每公斤体重摄入量约为0.8克蛋白质，因此一个70公斤的人每天只需要56克的蛋白质，快速生长的婴儿每天每公斤体重需要2.2克蛋白质。健康膳食应包括鱼肉、禽肉和低脂制品，而不是更多的红肉和常规的奶制品。

健美运动员进入比赛体格状况时，每天每公斤体重摄入2.5克左右蛋白质，最高时达3克以上，故此，成年人每天每公斤体重一般在1.0～3.0克，此标准同时也适用于健美训练者和从事耐力或爆发力的训练者。

（2）注意事项。计算体重时，应将体脂一并考虑（新陈代谢直接与肌肉量有关）。

（3）所占比例。成人摄入机体的蛋白质一般应占总热能的11%～15%，增肌人群为15%～20%，减脂人群可达20%～25%。

（四）维生素

1. 维生素的种类、功能及来源

维生素是维持人体生命和正常机能不可缺少的一种营养素。维生素在体内不能合成。维生素在人体内的主要作用为辅酶的功能。人体共有13种必需维生素，也是食物中含量特别少的一种特殊的营养物质，但它对机体的正常功能却必不可少。根据其溶于水和脂的能力，将其分为水溶性和脂溶性两类。脂溶性维生素包括A、D、E和K，由于它们的溶解性能，它们可储存于人体内，并非每天都需要从外界摄取。脂溶性维生素对人体的一个潜在的危险是，如果你长期摄入过多的脂溶性维生素，会造成维生素中毒症——一种可致神经紊乱、胃肠疾病和对肝脏造成损伤的高维生素症。

水溶性维生素包括维生素 B、维生素 C、叶酸、泛酸和生物素，由于任何多余的水溶性维生素都可以通过尿液排出体外，所以很少可能造成维生素中毒症。但是摄入过多的水溶性维生素对人体也有毒害作用，因此也应避免。由于这些维生素的排泄，每天都必须摄入一定量的水溶性维生素，以便补充。

维生素与健康关系非常密切。如番茄红素、Vc、Ve、β-胡萝卜素等可防止自由基对机体的伤害，B1、B2、PP 等 B 族维生素在能量代谢中必不可少。番茄红素是近年来国际最新流行的一种营养素，有研究资料显示，它的抗氧化能力比 Ve 强 100 倍，番茄红素的功能主要是：增强免疫力，抗衰老，保护心血管，降低癌症的发生率。

2. 需要补充维生素的人群

脂溶性维生素可储存于体内，并不需要每日补充（病人及缺乏者除外）；而任何多余的水溶性维生素都可以通过尿液排出体外，故每天都必须摄入一定量的维生素进行补充，特别是处于亚健康的人或患有某些疾病的人。

下列人群应该寻求补充多种维生素：

①严格的素食者，

②长期患病而使食欲下降或营养素吸收障碍的人，

③使用影响食欲或消化功能药物的人，

④体育健康锻炼者，或进行严格训练的运动员，

⑤孕妇和哺乳期妇女，

⑥长期食用低能量膳食的人，

⑦老年人。

（1）维生素不足与缺乏常见症状：

①常感疲劳、常易感冒、咳嗽、抵抗力下降，由于工作过度劳累、环境急剧改变或其他器质性疾病等客观原因，②消瘦、贫血，③牙龈出血、牙龈发炎，口腔黏膜发炎及溃疡，④口角炎、口角裂、唇炎、杨梅样舌、舌水肿、地图舌，⑤皮肤粗糙、毛囊角化、皮炎、脂溢性皮炎、皮肤淤点、淤斑；⑥眼睑炎、眼角膜干燥、角膜软化、暗适应能力下降，⑦多发性神经炎、中枢神经系统功能失调、下肢肿胀、脚气病，⑧儿童生长发育迟缓或不良、易出汗、毛发

稀少，出现帽圈状脱发，⑨鸡胸、患珠胸、O型腿、X型腿，软骨病；⑩中老年人腰背、关节疼痛，容易骨折，骨矿物质含量下降。

（2）需要补充维生素A的人群：

①视力下降和夜盲症患者，

②上皮组织萎缩，皮肤老化、干燥、脱屑、毛囊角化及黏膜组织发生异常现象者，

③人体感觉疲劳，皮肤灼热、发炎，眼球疼痛，眼分泌物增加及角膜炎患者。

但过量服用，会产生不良反应，如出现脱发、胃痛、呕吐、腹泻、疲劳、头痛、肝脏肿大、视力模糊等。

（3）哪些人需要补充维生素B：

①精神不振、有疲劳感、记忆力差、头痛、心跳异常、食欲不振、浑身及腰膝酸软无力者需补充维生素B_1，②精力不济、易疲劳、头晕、嘴唇干裂、脱皮、口腔溃疡、舌头发红或紫红，皮肤发痛、发育迟缓者需补充维生素B_2，③脱发、贫血、口臭、皮肤损伤、易发炎、虚弱、走路不稳、协调性差者需补充维生素B_6，④贫血、皮肤粗糙、面色发黄、苍白、抵抗力差者需补充叶酸。但不可过量，因为过量摄取叶酸，可能影响医生对恶性贫血的诊断。

（4）哪些人最应补充维生素C：

①从事剧烈运动和高强度劳动的人，②抽烟的人。多吃含维生素C的食物，有助于提高细胞的免疫力，消除体内的尼古丁，③容易疲倦的人。维生素C是一种抗氧化物质（十解释），④脸上有色素斑的人。补充维生素C可抑制色素斑的生成并促进其消退，⑤长期服药的人。如安眠药、抗癌药、四环素、阿司匹林、降压药、钙制品等都会使人体维生素C减少，从而引起不良反应，⑥白内障患者。维生素C的摄入量不足是导致白内障的因素之一，应多补充维生素C，⑦坏血病患者。饮食中缺乏维生素C，从而影响结缔组织的形成，是毛细管管壁脆性增加所致，⑧在污染环境工作的人。补充维生素C则可减少有毒气对机体的危害。

此外，维生素中任何一种服用过量，都会产生不良反应，故一定要掌握好

补充的量。

（五）矿物质（无机盐）

1. 矿物质的种类、作用及来源

矿物质是构成人体组织的各种元素，如骨骼、牙齿及肌肉。它也是人体中酶及激素的成分（调节新陈代谢）。无机离子和电解质在人体中主要的生理调节作用是肌肉收缩、神经脉冲传导、血中酸碱平衡、血凝固、正常心率等。它主要来源于植物、动物及水。缺乏时会出现贫血、血压高、癌症、蛀牙及骨质疏松症等疾病。通常身体吸收的比率，即是日推荐量为真正需要量的10倍（被吸收的只占10%）。此外，矿物质有相互干扰（一种矿物质过多时会影响其他矿物质的吸收）的特性。如锌与铜、钙与镁等，故应特别注意。

矿物质和维生素一样重要，机体只需要少量就可维持正常机能。无机盐又可分为两类：大量无机盐和微量无机盐。常量元素（每天需100毫克以上）如钾、钠、钙、镁、磷；微量元素（每天需100毫克以下），如铁、碘、铜、锌、锰、铬、钒等。大量无机盐包括对骨起重要作用的钙、对神经肌肉起重要作用的钾和钠以及对人体内许多酶起重要作用的镁等；微量无机盐包括血液中氧运输所必需的血红蛋白中的铁、调节正常代谢率所必需的腺垂体中的碘、许多与酶正常功能有关的锌、硒、铜等。可通过摄入全面均衡的饮食获取我们每天所必需的矿物质元素。但是妇女常常会缺乏铁和钙，所以有必要考虑给妇女适当补充矿物质元素。无机盐的主要作用如下：

（1）维持细胞内外液的容量和渗透压（维持机体内环境稳定）。

（2）维持体液的酸碱平衡。

（3）维持神经肌肉的兴奋性（如血钙低就会抽筋）。

（4）影响体温调节。

（5）构成体质（尤其是钙等）。

2. 矿物质缺乏和大量消耗对运动的影响

（1）疲劳提早发生。

（2）运动能力下降。

(3)影响运动后疲劳恢复。

(4)降低减脂效果。

3．哪些人需要补钙

钙是人体内含量最丰富的矿物质，约99%的钙存在于牙齿和骨骼里，主要是以与磷相结合的形式存在，其余1%则存在于体液和软组织中，大多呈离子状态，与骨骼维持着动态交换与平衡。有证据表明，钙还有助于防止结肠癌。

11～24岁的男女每天的钙摄入膳食推荐量为1200毫克，在此年龄阶段补充充足的钙对以后年龄段防止骨质疏松至关重要。据调查，60岁以上的妇女中有四分之一的人患有骨质疏松。24岁以上的成年人钙的膳食推荐量为800毫克，这个推荐量是为保持强壮骨骼和防止骨折所必要的。一些研究表明，易发生骨质疏松的妇女每天钙的摄入量应该为1 000毫克～1 500毫克。

（1）钙的功能。①钙对于骨骼及牙齿的形成，正常心跳的维持，神经活动的传导，血液酸碱的平衡等起重要作用。②钙能帮助肌肉收缩、血液凝结，并维护细胞膜。③钙可以在与磷、维生素D的共同作用下防治小儿佝偻症；④钙可以预防和治疗更年期骨质疏松症。⑤钙浓度的平衡有助于维持血压稳定。⑥钙还有助于预防结肠癌。

（2）缺钙的原因。缺钙的原因除了遗传因素外，主要是后天造成的。在日常生活中，钙的摄入量远远满足不了人体所需的标准量，这是缺钙的主要原因。据调查，上海地区居民平均每天钙的摄入量只及所需标准量的58.33%。人体钙的来源，主要是通过膳食。然而，人体对钙的吸收又非常苛刻，钙盐只有在酸性环境中呈离子状态，溶解于水的钙，才能被吸收，而钙的吸收又依赖于机体对钙的需要、食物的种类和钙的摄入量而定，并且受到很多因素干扰。

如今随着饮食的欧美化和加工食品、速食品、肉食品的摄入量增加，钙摄入不足的情况将会越来越严重。同时奶与奶制品、豆与豆制品等含钙确实丰富，可是由于受到饮食习惯和食品供应等限制，很难通过膳食满足人体对钙的需求。此外，随着社会的老龄化，缺钙导致对人体健康的危害将会越来越凸显出来。

（3）缺钙的症状：①骨痛和关节酸痛，尤其是腰部、背部、膝盖和脚踝。②腿部、手臂或其他部位的肌肉痉挛或抽筋，尤其是在夜间或运动后。③牙齿敏感，对冷热食物或饮料敏感。④神经兴奋性增高,可能导致失眠、焦虑、易怒或情绪波动。⑤心律失常,如心悸、心动过速或过缓。⑥疲劳、乏力、注意力不集中。

(4) 缺钙的危害:①由于钙有助于神经刺激的传导,缺乏钙,导致神经无法松弛下来,因而疲劳无法缓解,并且引起经常失眠。②缺钙会引起程度不同的骨质疏松症。③缺钙可引起的疾病有高血压、冠心病、尿路结石、结(直)肠癌、手足抽搐症等。

(5) 哪些人要警惕骨质疏松:①长期饮酒者。②缺硼、缺镁者。③自身免疫状况较差者。④长期缺乏锻炼者。⑤缺乏雌激素者。⑥月经不正常者。

4.预防骨质疏松及补钙的方法

(1) 食物充补。低脂牛奶及奶制品、豆类及豆制品、海藻类(海带)、虾类、鱼类、绿色蔬菜(如萝卜、花椰菜和绿芥末)、花生、柑橘、山楂、橄榄、杏仁、番茄、蛋类、瓜子类等,以及含维生素C丰富的食物,以促进钙的吸收。

(2) 加强体育活动。尤其是经常进行户外体育活动是预防控制骨质疏松症的一项不可忽视的措施。

(3) 控制影响骨质形成的药品和食品的摄入:①吸烟可促使骨质流失,饮酒会减少钙的摄入,增多尿钙的排泄,因此不吸烟、少饮酒是很重要的。②含铝的制酸药,如可的松、苯妥英钠、肝素和咖啡因等药品,均会影响骨质的形成,应加以控制使用。③积极治疗引起骨质疏松症的内分泌疾病,如库欣综合征、肢端肥大症、甲状腺功能亢进、糖尿病等。

(4) 选用含钙的保健品。选用原则如下:①钙含量高。②吸收利用率好。③安全无污染,刺激性小。④口感好,服用方便;⑤含量、价格比较经济。

(5) 药物治疗:各种药物钙剂。

5.哪些人需要补铁

铁是人体必需的重要微量元素,是维持生命的重要物质,是血液中含量最高的矿物质。

(1) 铁的功能:①铁是合成血红蛋白的重要物质,在组织呼吸和生物氧化中起着重要作用,可以防治缺铁性贫血症,促进发育,增强抗病力,改善儿童的精神状态。②铁可以增强人体活力,防止疲劳,使皮肤恢复良好的血色。

（2）缺铁的原因：①食物中铁的摄入不足。②妇女因月经过多导致缺铁。③疾病影响，如溃疡病等导致失血。④胃肠功能紊乱以及胃肠疾病会影响铁的吸收。

（3）缺铁的症状：注意力不集中，精神委靡；贫血，面色发黄，苍白；心跳加快，胸闷；厌食，偏食；腰膝酸软，手脚冰凉。

（4）缺铁的危害：①人体缺铁时不能合成足够的血红蛋白，就会发生缺铁性贫血。②缺铁会导致细胞免疫功能受损，同时还会影响中性粒细胞杀菌能力，铁的缺乏直接影响了机体的免疫功能。③缺铁会引起儿童智力下降。④缺铁可影响人的肌肉运动能力，导致人的肌力减弱，耐力差，表现为易疲倦和软弱无力等。

（5）预防缺铁及补铁的方法。

①食物弥补：动物肝、莲子、黑木耳、海藻、菠菜、黄化菜、鸡鸭肉、猪肉、牛肉、羊肉、香蕉、橄榄、蘑菇、油菜、芝麻、酵母、枣、大豆制品、芹菜、海蜇、鱼、蛋、虾皮、香瓜、谷类、胡萝卜、牛奶、葱，以及含维生素C丰富的食物，增加铁的吸收。

缺铁的治疗首选饮食疗法，要选择既富含铁又容易吸收的食物，其中动物性食物不论含铁量和吸收率一般都要优于植物性食物，炒菜最好用铁锅，可以增加铁的来源。

②病因治疗：治疗胃肠疾病，改善肠胃功能，保证铁的吸收，及时治疗妇女月经过多以及其他失血量多的疾病，减少铁的损失。

③铁剂治疗：应尽量采用口服铁剂，以硫酸亚铁、富马酸亚铁、葡萄糖酸亚铁为佳，剂量应按元素铁剂量，每日千克体重 4.5～6.0mg 元素铁为最佳剂量，其中硫酸亚铁含元素铁约20%，富马酸亚铁约33%，葡萄糖酸亚铁约11.5%，饭后服用为宜。

（六）水

1. 水的来源及功能

（1）水的来源。水被称为生命之源。它约占健康成年人体重的60%～70%。人体内的水含量因年龄、性别不同而有所差异。以19～50岁年龄段的人为例，男性体内的水平均占体重的59%，女性体内的水占体重的50%；过胖人士体内的水占体重的40%；训练者体内的水可达体重的70%。其中，水在骨骼内占1/4，在肌肉和脑内占3/4。在缺水的情况下，人体约可维持七天生命。而人体对水的日需要量为2kg左右。一般体内的水分会从下列各方面散失，即排汗、呼吸及大小便（饮用含酒精及咖啡碱的饮品会增加排尿量）。然而，人体中的水分主要是从各式饮品及食物（水果占10%~90%、主食占36%）获得。人体内水分的贮存，有55%在细胞内，45%在细胞外。水与蛋白质、碳水化合物及电解质在体内紧紧融合在一起。运动时，350g经代谢后的葡萄糖会释放出1L水，以供机体运动的需要。人体内水分降低时，血浓度会随之上升，水则会从细胞渗出而进入血液，引致脑垂体释放出抗利尿素，驱使肾脏再保留水分。相反，体内水分过多时，更多的水分则会被排出，正常人体每日水的出入平衡如表6-1所示。

表6-1 正常人体每日水的出入平衡

来源	摄入量（mL）	排出途径	排入量（mL）
饮水或饮料	1 200	肾脏（尿）	1 500
食物	1 000	皮肤（蒸发）	500
内生水	300	肺	350
		大肠（粪便）	150
合计	2 500		2 500

提示：值得注意的是，处于高温环境下的劳动者或运动的人，其饮水量是完全不同的，有时甚至存在着惊人的差别。根据个人的体力（运动）负荷和热应激状态水平的不同，他们每日的水需要量可从2L到16L不等。因为，即便不考虑任何影响因素，成人每消耗4.184kJ能量，就需1mL水，考虑到活动、出汗及溶质负荷的变化，一般成人水的需求量也可增至1.5mL/4.184kJ。饮水应少量多次，切莫感到口渴时再喝水。如果活动量大，出汗多，应考虑同时需要补充淡盐水及矿物质。

（2）水的主要功能：①细胞原生质的构造物质。②保护身体组织（脑部及脊柱）。③维持体液平衡。④成为氧气和各种养分及激素的载体，运送各种物质往返于细胞。⑤传递各种感觉。⑥调节体温。⑦补水不仅对保持运动能力至关重要，而且有助于减脂和增肌。

2. 水与运动的关系

（1）体液丢失大于体重的 2% 时，运动能力下降 10%～15%。

（2）体液丢失达到体重的 4% 时，运动能力下降 20%～30%。

（3）体液丢失达到体重的 5% 时，难以集中精力，头痛，烦躁，困乏。

（4）体液丢失达到体重的 7% 时，热天锻炼可能会导致晕厥。

此外，体内碳水化合物的储存也需要水，如肝脏和肌肉储存 1kg 的碳水化合物需 2.7kg 的水。如果一个人摄入低糖饮食，一两天后体内的碳水化合物的储量会急剧下降，同时储存在碳水化合物中的水也随之丧失。这就解释了为什么人们常常在低糖饮食后会经历一个体重迅速下降的过程（但不是脂肪的减少）。请记住，要减少 0.45kg 的体脂需要消耗 3 500 千卡的热量，但很少有人能在一天内达到这一目标。这种能使体重迅速降低的饮食方案只是使体内的水分减少了，但这种减少终究会被补充。同时请不要忘记只有热量的消耗才能对体重的减轻有意义，并非摄入食物的类型。就上面所提到的理想饮食模式而言，碳水化合物在减体重的过程中应是最后的一个减少的成分。

3. 运动中如何补水

很多人口渴时才饮水，这是一种错误的做法，其实，此时缺水已达 2%～3%。不少人运动中单纯补水，也是可以的，但最好的补水方法是补水与补糖和电解质相结合（减肥者可不补糖）。补水方法如下：

（1）运动前 2 小时可补水 250～500 mL。

（2）运动前即刻补水 150～250 mL。

（3）运动中强度大时每隔 15～20 分钟补水 120～240 mL。

（七）膳食纤维

膳食纤维又叫粗纤维，是一类不能被人体消化吸收的多糖，它一般在小肠不被消化吸收，在大肠发酵。它可分为两类：一类是可溶性膳食纤维，如果胶、树胶等。另一类是不可溶性膳食纤维，如纤维素和半纤维素等。

1. 膳食纤维的功能

（1）润肠通便。由于没有酶可分解它，不提供能量，因此"怎样进来，就怎样出去"，故被誉为肠道的"清洁工"和排毒能手。

（2）减肥作用。纤维遇水会膨胀，从而增加饱胀的感觉，降低食欲，加之没有热量，故可减脂控体重。此外，消化、吸收富含纤维的食物会消耗更多的热量。

（3）防止心脑血管疾病。在食物四周形成一层保护膜，延缓、降低胆固醇、甘油三酯和单糖等营养物质的吸收。

（4）预防糖尿病。膳食纤维可减少胰岛素的变化幅度等。

2．食物来源

谷类、薯类、豆类、蔬菜、水果及植物性食物等。

3．推荐摄入量

建议普通成年人每人每天摄入 30 g 左右。

第二节　运动与能量平衡

运动产生良好健康效益的关键在于其维持合理体重和体脂。运动不足或缺乏可引起体重超重或肥胖，如在过食的情况下则更为严重。成年人保持恒定体重的基本原理是热能摄入量与消耗量之间的平衡。国外研究提出：人的体重为一个定点所调节，人体内的生理系统为维持已定体重发挥调节作用；但近年另有人提出，人的体重可以是一个设定点，即不存在已保持的适宜体重，而是体重可不断调整。长期体重的维持是遗传特征和环境因素相互作用的结果。体重变动必定是总热能中有一种或多种常量营养素不平衡。能量不平衡时，人体为获得内环境稳定，必须重建总能量和常量营养素的新平衡。新的平衡可以在原体重和原体脂水平建立，或也可在与原体重、体脂水平不同情况下重新建立。体重和身体成分的改变与脂肪代谢的关系密切，但是身体成分的变化需要一定时间。研究观察到增加膳食碳水化合物（一餐到两周）即可使体内碳水化合物的氧化程度增加；但如变动膳食的脂肪摄入量，使脂肪的氧化量有些改变，但变化仍很小，短时间内不能实现脂肪平衡的调节，多数需要改变身体的脂肪量后，才能使体重在新的体脂水平下获得新的平衡。理论上，限制膳食脂肪的摄入量或通过运动增加脂肪的氧化量，才可能使身体脂肪量减少。

一、人体运动时的物质与能量供应

水、蛋白质、糖、脂肪、无机盐和维生素六大营养物质，是人生命活动的物质基础。人体活动的能量，是人吃的食物在人体内经过一系列化学变化，物质代谢而得到的。人参加体育运动时，由于肌肉长时间的收缩和舒张，脏器活动的增强，能量消耗会大大增加。所以体育运动可以促进人体新陈代谢的过程和提高机能活动水平，是增强体质的一种积极手段。

糖是生命活动中能量的主要供应者。糖在体内除供应能量外，还可以转变成蛋白质和脂肪。人进行体育运动，体内能量消耗大，肝脏储存的糖元便转变成葡萄糖进入血液，由血液输送到肌肉中供运动需要。经常参加体育运动，体内糖储备量增加，调节糖代谢能力加强，能使血糖在较长时间内保持稳定，能提高耐力。

脂肪是人体细胞的组成部分，包括甘油脂、磷脂和胆固醇三大类，是一种含能量最多的物质。它在体内氧化所释放出的能量，约为同量的糖或蛋白质的两倍。脂肪还可以起到保护器官、减少摩擦和保护体温的作用。脂肪过多对人体是有害的。经常参加体育运动，不但可以防止肥胖，还可以预防因人体脂肪过多而造成的疾病。

蛋白质是生命的基础，是细胞的主要组成部分，是体内能量的来源之一。肌肉收缩、神经系统的活动、血液中氧的携带和参与各种生理机能调节的许多激素，都与蛋白质有关。人体内有一类能加速各种化学反应进行的酶，其化学本质也是蛋白质。参加体育锻炼，能提高酶的活性，有利于增加人运动时身体内的能量供应和运动后消耗物资的补充。

水在人体的组成中含量最高，成年人体内含水量约占体重的65%，水不但能维持人体体温，参加体内的水解，促进物质的电离，还在体内有润滑作用。

伴随物质代谢过程发生的能量吸收、储存、释放、转移和利用的过程，称为能量代谢。能量代谢的核心物质是ATP（Adenosine triphosphate，腺苷三磷酸）。

（一）磷酸原供能系统

ATP、CP分子内均含有高能磷酸键，在代谢中均能通过转移磷酸基团的过程释放能量,所以将 ATP、CP 合称磷酸原。由 ATP、CP 分解反应组成的供能系统称做磷酸原供能系统。

1. 磷酸肌酸的分子结构与功能

(1) 磷酸肌酸的分子结构,如图 6-1 所示。

(2) 磷酸肌酸的功能:①高能磷酸基团的储存库。②组成肌酸—磷酸肌酸能量穿梭系统。

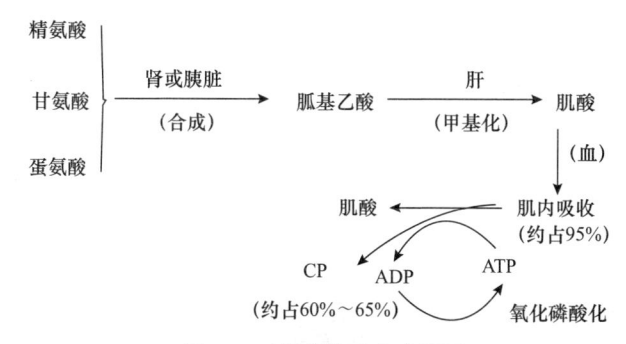

图 6-1　磷酸肌酸生成简图

2. 磷酸原系统供能特点

(1) 磷酸原系统的基本供能特点:

启动:运动开始时最早启动,最快利用,具有快速供能的特点。

功率:最大功率输出。短时间极量运动时,磷酸原系统的最大输出功率可达每千克干肌每秒 2.16 ～ 3.0 毫摩尔 ATP。

可维持最大供能强度运动时间:约 6 ～ 8 秒钟。

运动项目:与速度、爆发力关系密切。例如短跑、投掷、跳跃、举重及柔道等项目的运动。

(2) 不同强度运动时磷酸原储量的变化:①极量运动至力竭时,CP 储量接近耗尽,达安静值的 39.6 以下,而 ATP 储量不会低于安静值的 60%。②当以 75% 最大摄氧量强度持续运动达到疲劳时,CP 储量可降到安静值的 20% 左右,ATP 储量则略低于安静值。③当以低于 60% 最大摄氧量强度运动时,CP 储量几乎不下降。这时,ATP 合成途径主要靠糖、脂肪的有氧代谢提供。

(3) 运动训练对磷酸原系统的影响:①运动训练可以明显提高 ATP 酶的活性。②速度训练可以提高肌酸激酶的活性,从而提高 ATP 的转换速率和肌肉最大功率输出，有利于运动员提高速度素质和恢复期CP的重新合成。③运动训练使骨骼肌CP储量明显增多，从而提高磷酸原供能时间。④运动训练对骨骼肌内ATP储量影响不明显。

（二）糖酵解供能系统

糖原或葡萄糖无氧分解生成乳酸，并合成ATP的过程为糖的无氧代谢，又称为糖酵解。糖酵解供能是机体进行大强度剧烈运动时的主要能量系统，其基本代谢途径如图6-2所示。

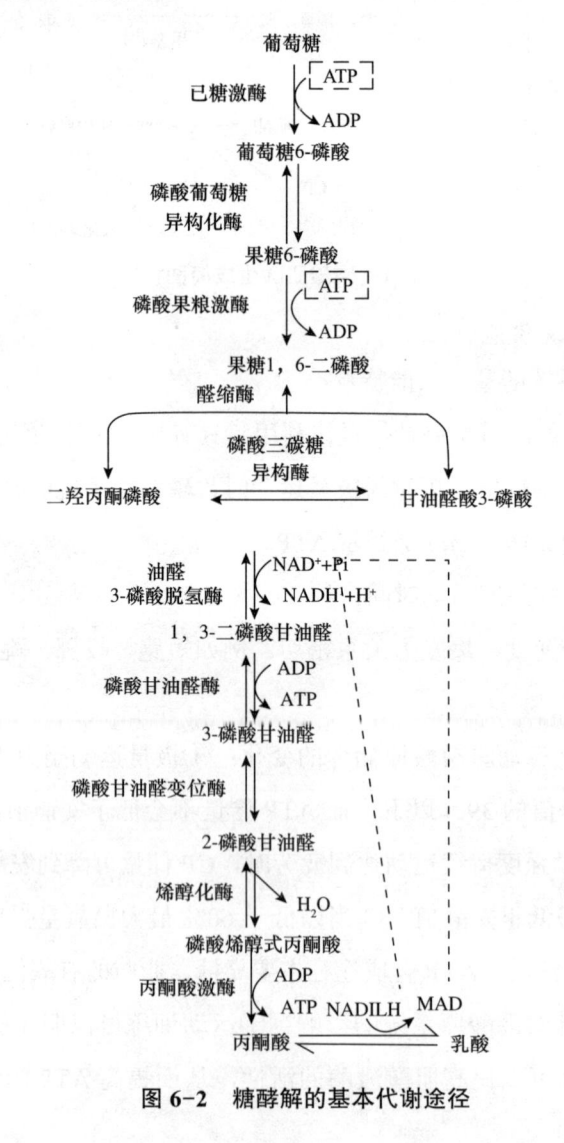

图6-2 糖酵解的基本代谢途径

与运动项目的关系：速度耐力项目；例如200米～1 500米跑、100米～200米游泳、短距离速滑、摔跤、柔道、拳击、武术等项目。

（三）有氧代谢供能系统

在氧的参与下，糖、脂肪和蛋白质氧化生成二氧化碳和水的过程，称为有氧代谢。

1. 糖有氧氧化供能

（1）细胞质内反应阶段。反应过程及参与的酶与糖酵解生成丙酮酸完全相同。但丙酮酸和3-磷酸甘油醛脱氢生成的NADH+H＋，可经不同方式进入线粒体继续氧化。

（2）线粒体内反应阶段。丙酮酸在丙酮酸脱氢酶系作用下氧化脱羧生成乙酰辅酶A。乙酰辅酶A与草酰乙酸合成柠檬酸后进入三羧酸循环。

2. 糖无氧代谢和有氧代谢的区别

如表6-2所示。

表6-2　糖酵解、糖有氧氧化比较

	糖酵解	有氧氧化
底物	肌糖原、葡萄糖	肌糖原、葡萄糖
产物	乳酸	二氧化碳、水
反应部位	细胞质	细胞质、线粒体
反应主要阶段	G（Gn）- 丙酮酸 丙酮酸 - 乳酸	G（Gn）- 丙酮酸 丙酮酸 - 乙酰辅酶A 乙酰辅酶A-CO_2、H_2O
氧化方式	脱氢	脱氢
反应条件	不需氧	需氧
ATP生成方式	底物水平磷酸化	底物水平磷酸化、氧化磷酸化
ATP生成数量	3ATP、2ATP	36（38）ATP

（四）运动时的有氧代谢供能

如表6-3所示。

表 6-3　运动时有氧代谢供能情况一览表

	糖	脂肪	蛋白质
底物	葡萄糖、肝糖原、肌糖原	脂肪	支链氨基酸
最大的供能功率	0.5mmolPi·kg 干肌 -1·秒 -1	0.25mmolPi·kg 干肌 -1·秒 -1	
维持时间	1～2 小时	无限时	
终产物	CO_2、H_2O	CO_2、H_2O	CO_2、H_2O、尿素
运动项目			

（五）运动时供能系统的动用特点

运动时，代谢供能的输出功率取决于能源物质合成 ATP 的最大速率。运动中基本不存在一种能量物质单独供能的情况，肌肉可以利用所有能量物质，只是时间、顺序和相对比率随运动状况而异，不是同步利用。最大功率输出的顺序由大到小依次为：磷酸原系统＞糖酵解系统＞糖有氧氧化＞脂肪酸有氧氧化，且分别以近 50% 的速率依次递减。当以最大输出功率运动时，各系统能维持的运动时间是：磷酸原系统供极量强度运动 6～8 秒；糖酵解系统供最大强度运动 30～90 秒，可维持 2 分钟以内；3 分钟主要依赖有氧代谢途径。运动时间愈长，强度愈小，脂肪氧化供能的比例愈大。由于运动后 ATP、CP 的恢复及乳酸的清除，须依靠有氧代谢系统才能完成，因此有氧代谢供能是运动后机能恢复的基本代谢方式。

1. 不同活动状态下供能系统的相互关系

安静时，不同强度和持续时间的运动时，骨骼肌内无氧代谢和有氧代谢供能的一般特点如下：

（1）安静时，骨骼肌内能量消耗少，ATP 保持高水平；氧的供应充足，肌细胞内以游离脂肪酸和葡萄糖的有氧代谢供能。线粒体内氧化脂肪酸的能力比氧化丙酮酸强，即氧化脂肪酸的能力大于糖的有氧代谢。在静息状态下，呼吸商为 0.7，表明骨骼肌基本燃料是脂肪酸，如图 6-3 所示。

（2）在长时间低强度运动时，骨骼肌内 ATP 的消耗逐渐增多，ADP 水平逐渐增高，NAD+ 还原速度加快，但仍以有氧代谢供能为主。血浆游离脂肪酸浓度明显上升，肌内脂肪酸氧化供能增强，这一现象在细胞内糖原量充足时就会发生。同时，肌糖原分解速度加快，加快的原因有以下两点：①能量代谢加强。②脂肪酸完全氧化需要糖分解的中间产物草酰乙酸协助才能实现。

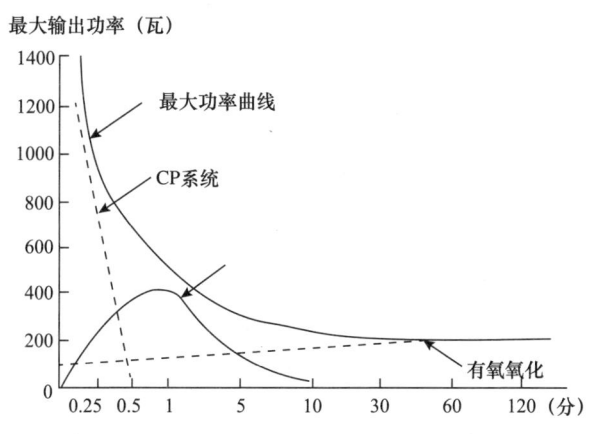

图 6-3　骨骼肌能量供应生化过程的顺序和质量关系

在低强度运动的最初数分钟内，血乳酸浓度稍有上升，但随着运动的继续，逐渐恢复到安静时的水平。

（3）随着运动强度的提高，整体对能量的要求进一步提高，但在血流量调整后，机体对能量的需求仍可由有氧代谢得到满足，即有氧代谢产能与总功率输出之间保持平衡。在这类运动中，血乳酸浓度保持在较高的水平上，说明在整体上基本依靠有氧代谢供能时，部分骨骼肌内由糖酵解合成ATP。血乳酸浓度是由运动肌细胞产生乳酸与高氧化型肌细胞或其他组织细胞内乳酸代谢之间的平衡决定的。

（4）在接近和超过最大摄氧量强度运动时，骨骼肌以无氧代谢供能。极量运动时，肌内以ATP、CP供能为主。超过10秒的运动，糖酵解供能的比例增大。随着运动时间延长，血乳酸水平始终保持上升趋势，直至运动终止。

总之，短时间激烈运动（10秒以内）基本上依赖ATP、CP储备供能；长时间低、中强度运动时，以糖和脂肪酸有氧代谢供能为主；而运动时间在10秒至10分钟内执行全力运动时，所有的能源储备都被动用，只是动用的燃料随时间变化而异：运动开始时，ATP、CP被动用，然后糖酵解供能，最后糖原、脂肪酸、蛋白质有氧代谢也参与供能。

运动结束后的一段时间，骨骼肌等组织细胞内有氧代谢速率仍高于安静时水平，它产生的能量用于运动时消耗的能源物质的恢复，如磷酸原、糖原等。

（六）适量运动促进健康的生理学效应

1. 经常性的适量运动可促进和改善心血管的功能

运动时需要大量的氧气和营养物质，也需要排出二氧化碳等代谢产物，这就需要有一个强有力的循环系统。运动不仅可以加强新陈代谢，而且还能改善血管的弹性，提高血流量，促进血液循环，增大心脏容量，提高机体的摄氧能力。由于每搏输出量的不同，安静时一般人心率为60～80次/分钟，而经常进行适量运动的人为50～60次/分钟甚至更少，心脏跳动次数少了，心脏休息时间就增加了，这标志着心脏功能的储备能力得到了提高，使人体能够承受更大的负荷量，且运动后恢复期短。那么运动中心率应控制在怎样的范围以内，才能获得最佳的效果呢？

研究表明，心率在110次/分钟以下的运动负荷时，机能的血压、心电图等多项指标没有明显变化，健身价值不大；心率在130次/分钟运动负荷时，每搏输出量接近和达到一般人的最佳状态，健身效果明显；心率在150次/分钟的运动负荷时，每搏输出量开始出现缓慢下降；当心率随运动负荷增加到160～170次/分钟之间时，虽无不良的异常反应，但也未能呈现出更好的运动效果。因此，只有当运动时的平均心率在120～150次/分钟之间波动，锻炼时间达到20～60分钟，每周至少运动3～5次，才能取得理想的健身效果，有利于人体身心健康。

2. 体育锻炼使运动系统产生良好的适应性变化

人体的运动系统由肌肉、骨骼、关节和韧带组成。机体之所以能够进行各种各样复杂精细的运动，其原动力就是来源于那些大大小小的肌肉。按照有机体各器官系统"用进废退"的自然法则，只要通过长期、系统、科学、适量的运动，就能够使运动器官特别是肌肉的毛细血管组织和肌肉内的化学成分与形态结构等发生一系列质的变化。

人体在安静时肌肉每平方毫米内开放的毛细血管数量只有80多条，而在运动时毛细血管的口径增大，肌肉每平方毫米内毛细血管开放量可达

2000～3000条，比安静时增加了30多倍，使单位时间内通过的血氧量增多，从而给肌肉组织提供更多的营养物质和氧气，与此同时，肌肉在运动后消耗了大量的能量，经过适当休息和摄取营养后，肌肉组织就会得到更多的补充，有助于其生长，这种现象生理学上称为"超量恢复"。

运动还能促进骨骼新陈代谢的加强、改善血液循环、增强骨细胞生长能力，使骨的长度增加、骨密度增厚、骨径变粗，骨组织的机械稳定性加强，使骨骼的抗拉、抗压、抗扭转性能增强。

二、运动疲劳的产生与消除

参加体育锻炼以及运动训练和比赛到一定程度的时候，人体就会产生工作能力暂时降低的现象，这种现象称为运动性疲劳。早在1880年，莫索就开始研究人类的疲劳。此后，许多著名学者从多种视角采用不同手段广泛研究疲劳，并先后给疲劳下了不同的定义。第五届国际运动生物化学会议（1982年）指出，运动性疲劳是指机体生理过程不能持续其机能在一特定水平上或不能维持预定的运动强度。

运动性疲劳是运动本身引起的机体工作能力暂时降低，经过适当时间休息和调整可以恢复的生理现象，是一个极其复杂的身体变化综合反应过程。疲劳时工作能力下降，经过一段时间休息，工作能力又会恢复，只要不是过度疲劳，并不损害人体的健康。所以，运动性疲劳是一种生理现象，对人体来说又是一种保护性机制。但是，如果人经常处于疲劳状态，如前一次运动产生的疲劳还没来得及消除，而新的疲劳又产生了，疲劳就可能积累，久而久之就会产生过度疲劳，影响运动员的身体健康和运动能力。如果运动后能采取一些措施，就能及时消除疲劳，使体力很快得到恢复，消耗的能量物质得到及时的补充甚至达到超量恢复，就有助于训练水平的不断提高。

（一）疲劳产生的原因及意义

体育运动科研人员对疲劳进行了大量的研究，提出了运动性应激的负效应可能是导致运动性疲劳发生的根本原因，如代谢基质的耗竭、代谢产物的堆积、代谢环境的改变等。

目前，运动生化研究对于运动性疲劳的定义是：机体的生理过程不能维持其机能在某一特定水平或不能维持预定的运动强度。

这个"疲劳"的定义具有以下两个特点：一是把疲劳时体内组织、器官的机能水平和运动能力结合起来评定疲劳的发生和疲劳的程度。二是有助于选择客观的指标来评定疲劳。通过这个定义，可以对运动员的疲劳进行客观的评价，这也是疲劳研究在运动实践中重要的应用。

体育锻炼后身体会产生一定的疲劳感，主要表现在三个方面：

（1）肌肉疲劳：肌肉力量下降，收缩速度放慢，肌肉出现僵硬、肿胀和疼痛，动作慢、不协调。

（2）神经疲劳：反应迟钝、判断错误、注意力不集中。

（3）内脏疲劳：呼吸变浅变快，心跳加快等。

由于运动量不同，每个人的情况不一样，产生的疲劳也有不同程度之分。一般将疲劳分成三个层次：轻度、中度和重度疲劳。运动后产生疲劳感是正常的。轻度疲劳可以在短时间内消除；中度疲劳通过采取一系列手段也能很快消除，不会影响身体；但如果重度疲劳不能及时消除，就会影响学习和生活，损伤身体。研究证明，运动员提高体育成绩最关键的两个条件是运动训练的科学性和恢复手段的有效性，由此可见消除疲劳、恢复体力的重要性。

运动性疲劳在人体中可以分为躯体性疲劳和心理性疲劳。这两种不同性质的疲劳有其不同的表现，躯体性疲劳主要表现为运动能力的下降，心理性疲劳主要表现为行为的改变。按不同运动项目的物质能量代谢特点，可将运动项目分为五种代谢类型（磷酸原代谢类型、磷酸原糖酵解型、糖酵解型、糖酵解有氧代谢型、有氧代谢型）。不同运动项目的疲劳存在一定的规律性，短时间最大强度运动的疲劳是由于肌细胞内代谢变化导致 ATP 转换速度下降或一部分运动单位不能参与收缩所致。长时间中等强度运动疲劳往往与能源储备动用过程受抑制有关。

（二）运动性疲劳的消除

运动时和运动后供能物质量的变化，是消耗和恢复过程保持平衡的结果。

运动时以消耗过程为主,恢复过程跟不上消耗过程,表现为能源物质数量下降;运动后休息期,以恢复过程为主,消耗过程下降,因此,能源物质逐渐恢复,达到或超过原来水准。

在训练期应根据训练的目的、身体内消耗的主要能源物质,选择最适宜的休息间歇,并在这期间增加被消耗能源物质的补充或采取其他有关的措施,以加速恢复过程。力竭运动后物质的恢复时间如下:①肌肉中磷酸原恢复。最短2分钟,最长3分钟,②氧合血红蛋白恢复。最短1分钟,最长2分钟,③长时间运动后肌糖原恢复。最短10小时,最长46小时,④间歇训练后肌糖原恢复。最短5小时,最长24小时,⑤活动性休息时肌肉和血液中乳酸消除。最短30分钟,最长1小时,⑥静坐休息时肌肉和血液中乳酸消除。最短1小时,最长2小时。

运动疲劳的消除可以通过以下途径来进行。

1. 用各种方法使肌肉放松,改善肌肉血液循环,加速代谢物排出,水浴、蒸汽浴、桑拿浴、理疗、按摩等

(1)整理活动:是消除疲劳、促进体力恢复的一种良好方法。教练员、运动员应给予足够的重视。剧烈运动后进行整理活动,可使心血管系统、呼吸系统仍保持在较高水平,有利于偿还运动时所欠的氧债。整理活动可使肌肉放松,避免由于局部循环障碍而影响代谢过程。

整理活动应包括慢跑、呼吸体操及各肌群的伸展练习。运动后做伸展练习可消除肌肉痉挛,改善肌肉血液循环,减轻肌肉酸痛和僵硬程度,消除局部疲劳,对预防运动损伤发生也有良好作用。

(2)按摩:是有效的恢复手段。负担量最大的部位,应是按摩的重点,肌肉部位以揉捏为主,交替使用按压、抖动、扣打等手法,在肌肉发达的部位可用肘顶、脚踩。关节部位不仅是运动的着力点,也是运动的枢纽。应全面进行,以按摩为主,穿插使用按压、搓和揉拉。按摩应先全身后局部,全身性按摩一般取俯卧位。根据专项不同,如某部运动负担过重,需重点按摩,应在全身按摩之后再进行。在按摩肢体时,先按摩大肌肉群后按摩小肌肉群。如按摩下肢,先按摩大腿肌肉后按摩小腿肌肉,以提高肌肉韧带的工作能力,加速疲劳时的肌僵硬紧缩和酸胀痛的代谢产物的排除,改善血液循环和心脏收缩功能。

（3）温水浴：健身后进行温水淋浴是最简单易行的消除疲劳方法。温水浴可促进全身的血液循环，调节血流，加强新陈代谢，有利于机体内营养物质的运输和疲劳物质的排除。水温42℃左右为宜，时间为10～15分钟，勿超过20分钟。训练结束半小时后，还可进行冷热水浴。冷水温为15℃，热水温为40℃。冷水淋浴1分钟，热水淋浴2分钟，交替3次。

2．通过调节神经系统机能状态来消除疲劳

（1）睡眠：是消除疲劳、恢复体力的好方式。睡眠时大脑皮层的兴奋过程降低，体内分解代谢处于最低水平，而合成代谢过程则相对较高，有利于体内能量的蓄积。

成年运动员在平时训练期间，每天应有8～9小时的睡眠。在大运动量和比赛期间，睡眠时间应适当延长。青少年运动员的睡眠时间应比成年运动员长，必须保证每天有10小时的睡眠。

入睡前，应注意以下几点：①就寝前尽量使精神状态趋于平静，②避免外界刺激，③保持室内空气新鲜，④就寝前应泡脚，使大脑得以休息，有助于尽快入睡，快速消除疲劳。

（2）意念活动：心理恢复主要是意念活动，通过一定的套语暗示进行导引，使肌肉放松，心理平静，从而调节植物性神经系统的机能，然后再运用带有一定愿望的套语进行自我动员，如暗示性的睡眠休息、肌肉松弛、心理调节训练。实践证明，采用上述方法能促进身体疲劳的尽快消除，加快身体的恢复。另外，舒适幽雅的环境、听音乐等也有助于人们消除疲劳。

第三节　大学生的合理膳食营养

一、健身运动的饮食原则与膳食指南

（一）健身运动的饮食原则

人体所需要的一切营养素与热能都是来自食物。因此，饮食营养是构建身

体的基础，同时也是能量的源泉。假如我们将人体比喻为一座建筑物，那么构建这个"建筑物"的建筑材料就是食物中的碳水化合物、蛋白质、脂类、维生素、无机盐与水等营养素成分。

健身锻炼是人体的一个良性刺激，而合理的膳食营养则是人体对于运动刺激作出积极反应的策应。在促进人体健康，提高人体对环境适应能力的过程中，科学的锻炼与合理的膳食营养是相辅相成的。合理搭配膳食提高健身健美锻炼的效率以及获得良好的锻炼结果，应该注意以下原则：

（1）要将过去以生存为目的的餐食动机，转变到讲究营养，确保工作、学习和健身健美锻炼的餐食目的上来。

（2）要保证营养素摄取平衡，力求做到能量均衡及酸碱平衡等。

（3）要优选物美价廉、热量较低、营养含量较高的食物作为健身健美食品。

（4）要以少量的食物摄取更多的营养，从较多的营养中获得健美的优势。

（5）要坚持以粗、素、淡、果和蔬菜为主的杂食方式。不要过分迷信和追求珍馐、药物等补品，也不可过度限制脂肪。

（6）要忌偏食，避免暴饮贪食或盲目节食，消除影响健康的隐患。

（7）要改变有害于健身健美锻炼的餐食习惯，日餐多次，并补充足够的水。少吃经过腌、熏、晒、烤的肉和经过加工处理的香肠等肉类食品，少吃热量高的食物。

（8）要纠正不科学的烹饪方法，把营养损失减少到最小程度。科学使用营养补剂。

（9）要尽量做到膳不过咸、嗜不过甜、酒不过量、烟不沾嘴、食不忌讳、吃不求精、烩不求细、少食多餐、食不过饱、物不单一、定时不缺。

（10）要切忌快食、蹲食、走食、卧食、存食、暴食、笑食、愁食、泡食、烫食和挑食。

（二）《中国居民的膳食指南》

《中国居民膳食指南》是根据营养学原则、结合国情制定的，以教育人民群众采用平衡膳食、摄取合理营养促进健康的指导性意见。其具体内容如下：

（1）食物多样，谷类为主、粗细搭配。

（2）多吃蔬菜、水果和薯类。

（3）每天吃奶类、豆类或其制品。

（4）常吃适量鱼、禽、蛋和瘦肉（少吃肥肉和荤油）。

（5）减少烹调油用量，吃清淡少盐的膳食。

（6）食不过量（和体力活动要平衡），天天运动，保持健康体重。

（7）三餐分配要合理，零食要适当。

（8）每天足量饮水，合理选择饮料。

（9）饮酒应适量。

（10）吃新鲜、卫生、不变质的食物。

二、健康食品的选择与食物的搭配

自然界，人类可以吃的食物种类大约有万种之多。我国通常将食物分为谷类、豆类及其制品、蔬菜和水果、水产和肉类、蛋类与奶类及奶制品六大类。

人们决定吃什么、什么时候去吃以及是否以极端个人的方式去吃，通常基于某些行为或社会动机，而不完全是基于营养对身体健康的重要性。幸运的是，很多不同的食物选择是有助于身体健康的，但是营养知识将帮助你作出更合理的选择。

（一）健康食品的选用

1. 谷类、薯类及杂豆

谷类包括小麦面粉、大米、玉米、高粱等及其制品，薯类包括红薯、马铃薯等，杂豆包括大豆以外的其他干豆类，如红小豆、绿豆、芸豆等。这类食物主要供给淀粉，其次供给蛋白质、无机盐和维生素，同时也是膳食纤维的主要来源。这类食物的摄取量应以健身锻炼者身体消耗热能的需要为度。一般人每天摄入量约为250 g～400 g，其中最好包括50 g～100 g粗粮，因为每100 g玉米掺和全麦粉所含的膳食纤维比精面粉分别多10 g和6 g。

2. 肉、鱼、禽、蛋、大豆及坚果类

这类食物主要供给优质蛋白质和脂肪，也供给一部分无机盐和维生素。它们之间最大的区别是所含脂肪的质和量不同。一般说来，植物脂肪含不饱和脂肪酸较高，动物脂肪含饱和脂肪酸较高（鱼的含脂量较少）。这类食物能够提供优质蛋白质，并以脂肪形式补充必要的能量，故为健身锻炼者每日膳食中不可缺少的食物，其用量以125 g～225 g为宜，其中动物性食品与大豆类或豆制品最好各占50%。如果按照中国居民平衡膳食宝塔建议的食物量来具体分配，建议一般人每天摄入肉类（猪、牛、羊、禽肉）50 g～75 g，水产品（包括鱼类、甲壳类和软体类动物性食物）50 g～100 g，蛋25 g～50 g，大豆类（黄豆、黑豆、青豆等及其制品）30 g～50 g，坚果类（花生、瓜子、核桃、杏仁、榛子等）5 g～10 g。

3. 蔬菜、水果类

这类食物主要可供给维生素、无机盐和膳食纤维。它们是维生素C的主要来源，也是提供无机盐和膳食纤维的主要食品。它们能增加膳食的体积，促进肠蠕动，以有利于消化、吸收和排泄。它们能降低胆固醇的吸收，促进胆固醇的分解代谢与排泄（对减轻高胆固醇血症，预防动脉硬化非常有益）。蔬菜类食物应以叶菜为主，锻炼者每日摄入量以500 g左右为宜（一般人300 g～500 g即可满足日常需要）。新鲜水果200 g～400 g，锻炼者根据需要可多吃一些。

4. 乳类及乳制品

这类食物主要可供给优质蛋白、脂肪、脂溶性维生素、维生素B2和钙。建议一般人日食量相当于液态奶300 g、酸奶360 g、奶粉45 g。有条件者或锻炼者可多吃一些。

5. 烹调油及食盐

烹调油包括各种动、植物油，这类食物主要可供给热能，不饱和脂肪酸和部分脂溶性维生素。虽然动物脂肪完全可以由第二类食物替代，但植物油则必不可少，因为它是不饱和脂肪酸的主要来源，又是烹调的必备辅料。建议一般人每天摄入量25 g～30 g。此外，健康成年人一天食盐以不超过6 g为宜。一般20 mL酱油中就含3 g食盐，10 g黄豆酱中含1.5 g食盐，如果菜肴中需要

用酱油和黄豆酱类，应按比例减少食盐用量。

6. 健身锻炼者营养与膳食安排参照

人们选择食物的原因是多方面的，但是不管出于什么原因，食物的选择将影响健康。长时间平衡食物的选择将会对健康起到重要作用。由于这个原因，将营养学知识与自己的食物选择密切地结合起来是一个明智的做法。

（二）健康食物的搭配

食物配膳的科学性很强。配膳合理，能提高食物的营养贡献价值，若配膳不当不仅会丧失营养价值，而且会引发疾病。对于健身锻炼者来说，配比合理的食物即是健康食品。

1. 荤素原料搭配

荤素原料搭配烹调，是中国烹调一大特点。它不仅具备色、香、味、型，而且荤菜含有谷胱甘肽的硫氢基，能保护蔬菜里的某些营养素少受或免遭损失，有利于人体充分吸收，并能减少胆固醇的沉积。蔬菜中维生素 A、D、E、K 均属脂溶性维生素，含这类维生素的蔬菜，只有搭配含丰富脂肪的食物才能提高维生素的利用率与吸收率。例如胡萝卜要与肉搭配，这样胡萝卜里的维生素 A 通过溶于肉或卤汁被人体充分吸收和利用，极大地发挥其营养功能。

2. 混杂式原料搭配

无论是主食还是副食，将粗与细或动物性与植物性食物等混合搭配烹制能够保证营养全面、均衡、热量适宜而提高食物的生理与健身价值。

3. 同性酶原料搭配

人类的食物可分为酸性食物和碱性食物。判断食物的酸碱性，并非根据人们的味觉，也不是根据食物溶于水中的化学性，而是根据食物进入人体后所生成的最终代谢物的酸碱性而定。酸性食物通常含有丰富的蛋白质、脂肪和糖类，含有成酸元素较多，在体内代谢后形成酸性物质，可降低血液、体液内的 pH 值。蔬菜、水果等含有 K、Na、Ca、Mg 等元素，在体内代谢后生成碱性物质，能阻止血液向酸性方面变化，所以，酸味的水果一般都为碱性食物而不是酸性食物，鸡、鱼、肉、蛋、糖等味虽不酸但却是酸性食物。在配餐中，不要把需要碱性酶消化的食物和需要酸性酶消化的食物搭配在一起，否则会引起酸碱中和，导致人体消化道受阻，丧失营养价值。例如"淀粉拖黄鱼"这道菜即是降低营养价值的配膳方法，因为淀粉质食物须由碱性酶消化，而黄鱼含蛋白质较多，需要酸性酶消化，故淀粉不要"拖"黄鱼为好。

4."相克"食物禁忌搭配

所谓食物相克即是指两种食物之间的各种营养或化学成分相互制约的关系，它们之间配膳不当，会影响人体对食物营养的吸收，严重的还会造成食物中毒症状。例如，蛋黄、大豆和动物肝脏含有较多的铁元素，当它们与含纤维素较多的萝卜、甘薯、芹菜和含草酸多的苋菜配膳或同吃，就会阻碍人体对铁质的吸收；在我国的日常膳食中，大约有120对相克的食物，如配膳不合理或数量比例搭配不当，均会引起人体对某种食物营养素吸收的拮抗现象，甚至出现中毒反应。

三、健身人群膳食营养计划的制定方法与步骤

为了满足机体的营养需求，促进健康，预防疾病，应该参照中国居民平衡膳食宝塔和中国居民膳食指南，并根据个人的实际情况制定膳食营养计划，做到平衡饮食。健身人群膳食营养计划的制定应该是对中国居民平衡膳食宝塔科学合理的运用。

（一）根据年龄、性别、体力强度、生理状态确定每天的能量需求

膳食宝塔中建议的每人每日各类食物适宜摄入量范围适用于一般健康成人，在实际应用时要根据个人年龄、性别、身高、体重、劳动强度、季节等情况作适当调整。年轻人、身体活动强度大的人需要的能量高，应适当多吃些主食；年老、活动少的人需要的能量少，可少吃些主食。能量是决定食物摄入量的首要因素，一般说人们的进食量可自动调节，当一个人的食欲得到满足时，对能量的需要也就会得到满足。但由于人们膳食中脂肪摄入量的增加和日常身体活动减少，许多人目前的能量摄入量超过了自身的实际需要。对于正常成人，体重是判定能量平衡的最好指标，每个人应根据自身的体重及变化适当调

整食物的摄入量,主要应调整的是含能量较多的食物。

中国成年人平均能量摄入水平(表6-4)是根据中国居民营养与健康状况调查的结果进行适当修正形成的。它可以作为人们选择能量摄入水平的参考。在实际应用时每个人要根据自己的生理状态、生活特点、身体活动程度及体重情况进行调整。

能量是人体维持基本生命活动并进行各种体力活动所必需的,每个健身者因为其年龄、性别、体力活动的强度、生理状态的不同,能量需求也不同。如果人体摄入的能量不足,机体会动用自身的能量储备甚至消耗自身的组织以满足生命活动对能量的需要,相反,能量摄入过剩则在体内会不断储存。因此,能量平衡是膳食计划的首要问题。科学的膳食,要有足够的热量供应,以保证机体的需要,但是能量摄入又不能过量,防止体内能量蓄积造成肥胖。

表6-4 中国成年人的平均能量摄入水平(修正值)[①]

年龄组	城市 kJ(kcal)		农村 kJ(kcal)	
	男	女	男	女
18~59岁	9 200(2 200)	7 550(1 800)	10 900(2 600)	9 200(2 200)
60岁以上	8 350(2 000)	6 700(1 600)	10 050(2 400)	8 350(2 000)

根据中国营养学会的推荐,从事极轻劳动的成年人的能量需求为每天37~40kcal/kg(体重);从事轻体力劳动的成年人则每天需要41—43kcal/kg(体重);较重的体力劳动者,此值要增加到50kcal/kg以上。对于有特殊健身目的的人群,有资料推荐增肌人群的能量需求每天为44~52kcal/kg(体重),减肥人群可以控制在约每天30kcal/kg(体重)。

以一个70 kg的健美爱好者为例,增肌阶段每天每公斤体重约需要50kcal的热量,则一天大约需要摄入3 500kcal的热量。

(二)根据自己的能量水平确定食物需要

膳食宝塔建议的每人每日各类食物适宜摄入量范围适用于一般健康成年

[①] 中国营养学会编著.中国居民膳食指南[M].北京:人民卫生出版社,2016.5.

人，按照 7 个能量水平分别建议了 10 类食物的摄入量，应用时要根据自身的能量需要进行选择（表 6-5）。建议量均为食物可食部分的生重。健美锻炼者的各类食物需要量又要高于一般健康成年人。

表 6-5 按照 7 个不同能量水平建议的食物摄入量（g/d）[①]

能量水平	6700kJ (1600kcal)	7550kJ (1800kcal)	8 350kJ (2000kcal)	9 200kJ (2200kcal)	10 050kJ (2400kcal)	10 500kJ (2600kcal)	11 700kJ (2800kcal)
谷类	225	250	300	300	350	400	450
大豆类	30	30	40	40	40	50	50
蔬菜	300	300	350	400	450	500	500
水果	200	200	300	300	400	400	500
肉类	50	50	50	75	75	75	75
乳类	300	300	300	300	300	300	300
蛋类	25	25	25	50	50	50	50
水产品	50	50	75	75	75	100	100
烹调油	20	25	25	25	30	30	30
食盐	6	6	6	6	6	6	6

膳食宝塔建议的各类食物摄入量是一个平均值。每日膳食中应尽量包含膳食宝塔中的各类食物，但无须每日都严格照着膳食宝塔建议的各类食物的量吃。例如烧鱼比较麻烦，就不一定每天都吃 50～100 克鱼，可以改成每周吃 2～3 次鱼、每次 150～200 克较为切实可行。实际上平日喜欢吃鱼的多吃些鱼，愿吃鸡的多吃些鸡都无妨碍，重要的是一定要经常遵循膳食宝塔各层中各类食物的大体比例。在一段时间内，比如一周，各类食物摄入量平均值应当符合膳食宝塔的建议量。

（三）根据糖、蛋白质、脂肪三大营养素的供能比例确定能量分配

糖、蛋白质、脂肪是提供人体所需能量的三大产热营养素，不同人群三大营养素的供能比例是不同的。按照 WHO 推荐的适宜膳食能量结构，一般人群糖、蛋白质、脂肪的供能比例为 55%～65%、11%～15%、20%～30%。

---

① 中国营养学会编著. 中国居民平衡膳食宝塔 [M]. 北京：人民卫生出版社，2017.5.

健身健美人群糖、蛋白质、脂肪的供能比例为 60%～65%、15%～20%、20%。而且早、中、晚三餐的能量分配也要合理，三餐能量摄入大致要遵循 3：4：3 的比例，如果每天进餐 50～6 次，可根据时间将加餐分别归入早、中、晚餐计算。

例如，如果某位健美爱好者的能量来源分别以 60%、20%、20% 计算的话，则应有 2 100kcal 热量来自糖、700kcal 来自蛋白质、700kcal 来自脂肪：

3 500kcal×60% = 2 100kcal

3 500kcal×20% = 700kcal

3 500kcal×20% = 700kcal

（四）根据供热营养素的产热系数确定三大营养素的量

每克糖、蛋白质、脂肪在体内氧化产生的能量值称为产热系数，食物中每克糖能提供 4 千卡的热量，每克蛋白质也提供 4kcal 热量，而每克脂肪提供 9kcal。所以上例中的能量分别需要 525 g 碳水化合物、175 g 蛋白质和 77 g 脂肪：

2100kcal÷4kcal/g = 525g

700kcal÷4kcal/g = 175g

700kcal÷9kcal/g = 77g

（五）注意同类食物的互换，调配丰富多彩的膳食

人们吃多种多样的食物不仅是为了获得均衡的营养，也是为了使饮食更加丰富，以满足人们的需求。假如人们每天都吃同样的 50 g 肉、40 g 豆，难免久食生厌，那么合理营养也就无从谈起了。膳食宝塔包含的每一类食物中都有许多品种，虽然每种食物都与另一种不完全相同，但同一类中各种食物所含营养成分往往大体上近似，在膳食中可以互相替换。

应用膳食宝塔可把营养与美味结合起来，按照同类互换、多种多样的原则调配一日三餐。同类互换就是以粮换粮、以豆换豆、以肉换肉。例如大米可与面粉或杂粮互换，馒头可与相应量的面条、烙饼、面包等互换；大豆可与相当量的豆制品互换；瘦猪肉可与等量的鸡、鸭、牛、羊、兔肉互换；鱼可与虾、

蟹等水产品互换；牛奶可与羊奶、酸奶、奶粉或奶酪等互换。

多种多样就是选用品种、形态、颜色、口感多样的食物和变换烹调方法。例如，每日吃 40 g 豆类及豆制品，掌握了同类互换多种多样的原则就可以变换出多种吃法，可以全量互换，即全换成相当量的豆浆或豆干，今天喝豆浆、明天吃豆干；也可以分量互换，如 1/3 换豆浆、1/3 换腐竹、1/3 换豆腐。早餐喝豆浆，中餐吃凉拌腐竹，晚餐再喝碗酸辣豆腐汤。

（六）要因地制宜充分利用当地资源

我国幅员辽阔，各地的饮食习惯及物产不尽相同，只有因地制宜充分利用当地资源才能有效地应用膳食宝塔。例如牧区奶类资源丰富，可适当提高奶类摄入量；渔区可适当提高鱼及其他水产品摄入量；农村山区则可利用山羊奶以及花生、瓜子、核桃、榛子等资源。在某些情况下，由于地域、经济或物产所限无法采用同类互换时，也可以暂用豆类代替乳类、肉类；或用蛋类代替鱼、肉；不得已时也可用花生、瓜子、核桃等坚果代替大豆或肉、鱼、奶等动物性食物。

（七）要养成习惯，长期坚持

膳食对健康的影响是长期的结果。应用平衡膳食宝塔需要自幼养成习惯，并坚持不懈，才能充分体现其对健康的重大促进作用。

四、不同运动形式的营养补充

如表 6-6 所示：

表 6-6　不同运动形式的营养补充

运动形式	营养物质
力量练习	以肉类、牛奶等蛋白质为主
大强度、短时间运动	水果、蔬菜等碱性食物
小强度、长时间运动	以淀粉类食物为主
一般运动	淀粉、豆类、水果为基本营养

五、增加肌肉体积与减肥的特殊营养

目前在运动界有一些特殊营养品对于壮大肌肉、减缩脂肪、提高健身健美锻炼的效果及运动成绩等有一定的作用。我们除了注重基础膳食营养以外，还可以通过补充这一部分营养品来达到通过健身健美锻炼增加肌肉体积及减脂塑身的目的。

（一）营养添加剂

满足身体基础代谢和锻炼代谢的能量，以及构成体质的基质材料需求，是达到健身健美锻炼目的的重要条件。为此，在日常膳食的基础上，还可依据不同的生理特点和健身锻炼目标，进行特殊的营养安排和食谱组合。通过特殊的营养手段，即使用营养膳食补充品来干预疲劳、帮助恢复、提高运动能力近年来备受重视。营养添加剂，或称膳食补充品，是1994年12月美国从"健康补充品"改称而来的。这类补充品是随着营养学（尤其是运动营养学）的发展而产生的。

在20世纪60—70年代以前，营养学的研究主要从发现和治疗营养缺乏病，制定每日营养素供给量标准或推荐每日膳食允许量（RDA）出发，来保证每日由膳食中取得足够的营养素来预防营养缺乏病，保持身体健康。近年来，营养学的研究已发展到如何运用营养素来促进健康、提高运动能力、防治疾病的阶段。研究发现，仅仅依赖天然食物难以达到健康目标，而在食物中添加某些特殊营养素，如微量元素锌、硒、碘、铁；维生素A、C、E、B2、B6、B5；特殊氨基酸牛磺酸、谷氨酰胺等；脂肪酸中的多不饱和脂肪酸18碳3烯酸（亚麻酸）、20碳5烯酸（EPA）、22碳6烯酸（DHA）等及其他活性物质如活菌（双歧杆菌、乳酸菌）、中草药、多糖等则有助于提高营养效能。这些添加剂可分别为维生素、矿物质、草药、植物性物质、氨基酸及其他可补充到膳食中的膳食物质或浓缩物、代谢产物、组成物、提取物或上述物质的混合物（不包括烟草）等。

目前，运动营养膳食补充品数量很多，根据其功能可将其分为基本营养膳食补充品、专项膳食补充品、营养膳食干预补充品等几种类型。

然而，对于普通的健身人群而言，在已获得平衡膳食的情况下，一般并不提倡再额外补充营养品，因为过多的营养对健身健康可能有害无利。比如食用过多的蛋白质会增加胆、肾的负担；过量地补充维生素 A，会引起中毒并使头发自然美受到破坏等。强调营养，意味着就该平衡地、合理地摄取人体所需要的各种营养素。

（二）运动营养补剂

营养补剂是浓缩的高纯度营养素，能够快速、高效地为机体提供营养。在营养已成为重要内容的现代健美训练体系中，运动营养补剂的作用已获得空前重视。目前，常用的健美运动营养补剂大致有以下几类：

1. 蛋白质类

蛋白质是生命存在的主要方式，是维持生命活动的基础，是构成生命体最主要的组成成分，健身健美运动员常用的蛋白质产品主要有乳清蛋白、大豆蛋白。

（1）乳清蛋白。乳清蛋白是从牛奶中提取的，富含各种氨基酸和易于吸收的蛋白质，其生物价为100，是所有蛋白质中最高的。乳清蛋白脂肪含量很少，富含支链氨基酸、谷氨酰胺，同时还含有乳铁传递蛋白。乳清蛋白对运动能力的作用主要表现为：①提高机体免疫功能，②延缓中枢神经系统疲劳的发生，③促进机体蛋白质的合成，④提高机体的抗氧化能力。

乳清蛋白是健身健美运动员经常补充的重要蛋白质营养品。在大负荷健美运动训练期间，为了保证蛋白质的恢复和促进健身健美运动员身体机能水平的提高，乳清蛋白的摄入量可以提高到总蛋白摄入量的50%以上，而在一般训练期，补充量维持在每天20克左右，就能够充分体现其对机体的有利作用。

最近的研究结果表明，乳清蛋白是健身健美运动员在控制体重期间最佳的蛋白质补充剂。由于在此期间要求严格限制饮食，避免大量摄入蛋白质而附带摄入过多脂肪和能量以引起体重的增加。因此，乳清蛋白的补充不但可以为控制体重运动员提供优质的蛋白质以维持机体正常蛋白质的合成，降低身体脂肪含量，而且对维持健身健美运动员的运动能力具有积极意义。

（2）大豆蛋白。目前流行的另一类蛋白粉是大豆蛋白。经过浓缩加工的大豆蛋白粉中的蛋白质含量较高，甚至可高达80%。研究表明，大豆蛋白的补充对降低血浆甘油三酯和低密度脂蛋白水平、缓解机体钙的丢失及防治骨质疏松具有积极意义。

2．氨基酸

（1）L-精氨酸。研究表明，L-精氨酸具有促进人体内源性生长激素的分泌，并可以调节下丘脑—垂体—性腺轴的机能，从而有利于健身健美运动员身体机能的提高和训练后各种能源物质的恢复。但是由于精氨酸对胃肠道具有一定的刺激作用，故一般不提倡大剂量服用，目前推荐剂量为每天10克。

（2）鸟氨酸。鸟氨酸具有与精氨酸相类似的生物学功能，以前的研究通常将精氨酸与鸟氨酸同服来发挥其生物学功效。近年来的研究和实践表明，鸟氨酸与OKG（-酮戊二酸）同服同样具有促进胰岛素和生长激素分泌、提高免疫系统功能的功效，而且能降低对胃肠道的刺激，而单独服用则不具备这种协同作用。目前在市面上出售的鸟氨酸与OKG的合剂为鸟氨酸与OKG按2∶1混合配制而成，长期服用，每天10～15克，可以促进内源性胰岛素、生长激素的分泌，抑制体内蛋白的降解，对于提高健美运动员肌肉质量和促进身体机能恢复具有积极意义，而且没有发现明显的副作用。因此，OKG是替代精氨酸促进健美运动员身体机能恢复、提高肌肉质量的良好营养补充品。

（3）支链氨基酸。支链氨基酸包括亮氨酸、异亮氨酸和缬氨酸，它们同为必需氨基酸，其中以亮氨酸的最为实用。支链氨基酸是健美运动员经常服用的氨基酸，其作用主要表现为：①可以改善中枢神经系统的兴奋性，对维持长时间健美运动训练具有积极作用，②可以促进肌肉力量的增长，③对提高机体的免疫能力具有一定的作用。

但是，大量服用支链氨基酸对身体具有一定的副作用，其主要表现为，引起血氨大幅度上升，对机体产生不利影响；为中和大量的氨，造成丙酮酸的消耗增加，从而影响有氧氧化能力；抑制糖原异生；刺激胃肠道，引起机体对水吸收能力下降。因此，在补充支链氨基酸时，一定要注意剂量。研究认为，支链氨基酸在健美运动前的30分钟以低剂量补充效果较好，长时间运动多采用0.5克/小时剂量补充。低剂量支链氨基酸不但口感好，能够预防血浆支链氨基酸水平的降低，而且可以防止血氨的大幅度升高，并且不会刺激胃肠道。

（4）谷氨酰胺。谷氨酰胺是人体肌肉、血液和氨基酸池中含量最丰富的氨基酸，是蛋白质、核酸、谷胱甘肽，以及其他重要生物大分子合成的必需营养素。谷氨酰胺的补充对健美运动能力的作用主要表现为：①谷氨酸是主要的中枢兴奋性递质，具有促进记忆的作用，有利于运动技能的形成，②补充谷氨酰胺可以维持和提高机体的免疫机能水平，有利于提高健美运动员抗感染能力，减少患疾病的概念率，③补充谷氨酰胺可以促进机体抗氧化能力的提高，④谷氨酰胺的补充有利于机体胰岛素的分泌。

谷氨酰胺是运动员维持身体机能水平、促进恢复、提高机体免疫机能的重要营养补充剂。但是，大量补充谷氨酰胺也具有一定的副作用，主要表现为氨的升高，对运动能力产生消极影响。为克服谷氨酰胺的副作用，建议谷氨酰胺服用量为每天 5～10 克，在健美训练或比赛后服用。

（5）牛磺酸。牛磺酸是正常人体肌肉中含量十分丰富的氨基酸，最近才发现它是促进肌肉快速增长的健美运动营养补剂，其发挥生理作用的方式类似于胰岛素作用。研究显示，一日三餐中分别补充 500 毫克牛磺酸，发现血液中 3- 甲基组氨酸的浓度下降了 20%，而 3- 甲基组胺酸是肌肉蛋白分解过程中的代谢产物，它反映肌肉蛋白质的分解速率。因此，3- 甲基组氨酸的下降说明肌蛋白分解作用已受到牛磺酸的抑制。在许多复合型运动营养补剂中，牛磺酸都扮演着重要角色。在健美训练后 1 小时内、正餐前 30～45 分钟、晚上睡前食用 OKG、牛磺酸和钙、镁、钾等多种矿物质和营养素的糖饮或果汁，可使肌肉变得更大、更强壮。

3．肌酸

从 20 世纪 90 年代起，健美运动员开始大量使用肌酸，国内外学者对补充肌酸进行了大量的研究，发现补允肌酸可以提高肌肉内的磷酸肌酸含量，使健美运动后磷酸肌酸的再合成速度加快，同时使 ATP 的利用率增加，从而提高肌肉的最大收缩力。目前肌酸制剂已由原来的单纯肌酸发展为含有糖、磷酸盐、牛磺酸等能够促进肌酸吸收与利用的复合肌酸制剂。

（1）补充肌酸的强力作用。肌肉收缩时，需要 ATP 提供能量，而磷酸肌酸是高能磷酸基团储存库和线粒体内外的能量传递者，能满足最迅速合成 ATP

的要求。补充外源性肌酸，有利于体内肌酸和磷酸储量增多。

（2）肌酸的服用方法：①短时间冲击量。每天服用20克左右的肌酸，连续服用5～9天，可以使骨骼肌中肌酸贮量增加15%～30%［127～149毫摩尔/公斤（干肌）］，磷酸肌酸贮量增加10%～40%。②长时间小剂量。每天服用2～5克，连续服用一个月以上。采用这种方法可以在一定程度上提高机体的肌酸贮量，但更主要的是维持肌肉中高肌酸浓度。③复合法。这是冲击量与长时间小剂量相结合的一种方法。健美运动员每天服用20～25克的肌酸，连续服用5～9天，然后第10天服用2～5克，持续数十天以上，可以使机体肌酸贮量明显提高。

大量的研究结果表明，肌酸如果与含糖饮料同时服用，效果较单独服用肌酸更佳，可使肌肉中肌酸含量进一步增加。在健美运动实践中，肌酸的服用效果与体内的肌酸水平密切相关。对于那些原来机体内肌酸水平较高的健美运动员，采用长时间小剂量补充对维持高肌酸含量十分有利；对于机体内肌酸水平较低的健美运动员采用复合法，可以明显提高机体的肌酸贮量，并且保持的时间长。因此，实践中应对健美运动员血浆的肌酸水平进行测试以后，再选择补充肌酸的方法，这样更为科学合理。

（3）口服肌酸的副作用。肌酸不属于国际奥委会颁布的违禁药物，因此已被广泛使用。但是，从目前使用的情况来看，口服肌酸也相应地存在一些副作用：①抑制内源性肌酸的合成，②增加体重。对于需要控制体重或降体重的健美运动者应慎重使用肌酸，③肌肉酸胀感。采用肌酸补充措施后，会出现肌肉酸胀的感觉。有研究认为，采用理疗、按摩、泡热水浴，以及在训练前做好充分的准备活动等措施，可以缓解这种不利现象。国外有学者证实增加饮水量可消除肌肉酸胀感。

4. 丙酮酸

丙酮酸是糖在细胞质中无氧代谢的中间产物，也是进入线粒体进行有氧代谢的起始物。丙酮酸可以通过生成乙酰辅酶A和三羧酸循环将糖、脂肪和蛋白质代谢联系起来，并实现糖、脂肪、蛋白质的相互转化。因此，丙酮酸在三大能源物质的代谢中起着极为重要的中心枢纽作用。

目前丙酮酸开始被广泛作为健美运动营养品使用。丙酮酸对机体的主要作用表现为以下方面：

（1）丙酮酸和二羟丙酮的服用可以改变机体的代谢速率和身体成分，促进脂肪酸的氧化速率，有利于改善机体的成分，对降低体脂十分有利。

（2）长期服用丙酮酸有利于代谢能力的提高。

（3）服用丙酮酸对改善心血管机能具有一定的作用。

健美运动员控制体重时期可以通过服用丙酮酸促进脂肪酸的代谢、降低体脂、改善机体的体成分、缓解体重的下降。丙酮酸的适宜服用量为25克/天，二羟丙酮为75克/天，结合高糖膳食效果更好。

5．L-肉碱

L-肉碱是目前健美运动界常用的一种运动营养品。肉碱是转运脂肪酸的载体，是脂肪酸氧化供能必需的前提。对于健美运动员来说，L-肉碱在体内的作用主要体现在以下几个方面：

（1）L-肉碱是活化的长链脂肪酸穿过线粒体内膜的载体，可以促进长链脂肪酸进入线粒体基质内被高活性的β-氧化酶系统所氧化，有利于减少体脂，控制体重。

（2）加速丙酮的氧化作用，减少乳酸的堆积。

（3）促进支链氨基酸的氧化利用，维持运动时的能量平衡。

（4）促进乳酸和氨的消除，有利于疲劳的消除等。

L-肉碱富含于动物食物中。由于在健美运动训练过程中肉碱的消耗量增加，食物是否能够提供充足的L-肉碱，目前尚无定论。因此，补充一定量的L-肉碱具有重要意义。每日分两次服用L-肉碱2～6克，便可显著提高血浆和肌肉内肉碱的浓度。由于肉碱是肌肉的天然成分，小剂量的补充未发现任何副作用，但大剂量补充会引起腹泻等。补充肉碱应注意其构型，K-肉碱有毒，会影响L-肉碱的合成和利用，导致L-肉碱的缺乏。

六、保健营养补品与天然"食物补品"

（一）保健营养补品

近年来，富裕起来的人们已不再满足于一日三餐的膳食营养，开始流行补充氨基酸口服液、蛋白质粉、复合维生素、松花粉、深海鱼油、排毒养颜胶囊、人生燕窝等高档保健营养补剂（品）来。下面针对时下流行的营养保健补品作一些简单的介绍。

1．蛋白质粉

（1）蛋白质粉的功能：蛋白质粉是如今比较时兴的保健（营养）补品。对于一般人群而言，它的主要作用在于改善蛋白质营养不良，恢复与改善人体免疫功能。

（2）蛋白质粉适宜人群：蛋白质粉适用于免疫力低下的亚健康人群，以及成长发育中的青少年、儿童，孕产妇、老年人、糖尿病患者和体力耗费巨大的人群（如运动员、增肌和减肥者、重体力劳动者）。

（3）蛋白质粉不宜人群：①慢性肾脏病患者由于肾脏结构受到损伤，肾脏排泄、人体代谢产物的功能下降，因此这类病患者不宜摄入过多的蛋白质，特别是植物蛋白质。过多的植物蛋白质会增加肾脏病的负担，加速慢性肾脏病患者的肾脏损失，加快慢性肾脏病的进展；②3岁以下儿童不宜吃。

（4）蛋白质粉服用方法：①服用时，应注意按推荐摄入量服用；②不宜空腹服用；③不宜和酸性饮料一起服用；④有基础疾病的患者应事先征求医生意见后服用。

2．复合维生素

（1）复合维生素适宜人群：孕妇、挑食偏食的少年儿童，工作疲劳、压力大的亚健康人群是复合维生素的主要适用人群。如果平时食用的蔬菜、水果量不够，可以适当补充维生素；而经常出差、旅游等饮食不平衡者，则可以按需补充复合维生素。

（2）复合维生素服用方法：参考医生意见和推荐摄入量服用。服用维生素并非多多益善，因为过量服用维生素也会产生依赖性甚至毒性。

天然食品永远是摄入营养素的首选途径。再昂贵、成分再复杂的膳食补充剂都比不上天然食物中所含的营养。依靠人工合成的各类维生素、矿物质，无论技术多高明，其作用始终难与天然食物媲美。

3．降脂产品

（1）降脂产品的种类：主要有深海鱼油、银杏叶茶、卵磷脂等。

（2）降脂产品的主要功能：质量合格的深海鱼油、银杏叶茶、卵磷脂等产品确实有防止血液凝固，预防脑溢血、脑血栓和老年痴呆等疾病发生的功能。

（3）降脂产品的适宜人群：40岁以上、体态偏胖、血压偏高或有高血脂、糖尿病史的人可以适当选用。

DHA含量高的深海鱼油还适合婴幼儿服用，可以帮助婴幼儿视神经和脑细胞发育。

（4）服用降脂产品的注意事项：①由于鱼油易氧化，购买时要注意保质期，在服用期间需低温保存。②有降脂功效的保健品一般需要长期服用，且也只能起到一些预防作用，因此不能单纯依赖这些产品达到治病的目的。特别应注意对症补充不依赖。

（二）天然食物中的"保健品"

优质的深海鱼油、维生素E、维生素C、卵磷脂及钙等对缺乏人群的保健作用非常巨大，然而，它们也是从天然动植物或某些元素中提炼出来的，我们完全可以从天然食物中寻找到这些"保健"佳品。下面仅就深海鱼油、维生素E、维生素C、卵磷脂及钙等保健品的替代食物作一简要介绍。

1. 深海鱼油

（1）主要作用：调节血脂、降低甘油三酯、稀释血液等。

（2）替代食物：黄花鱼、三文鱼等海鱼。但由于部分海鱼受到重金属污染，故每周最多吃两次，而且尽量选择体积小的海鱼。

2. 维生素E

（1）主要作用：维生素E在人体细胞内能消除对机体有损害作用的自由基而延缓细胞的衰老过程，有防止脂褐素形成作用。维生素E中的抗氧化物可以清除自由基，保护一氧化氮。

（2）替代食物：坚果、种子、豆类、谷类，尤其是赤小豆、黑芝麻、核桃、植物油。

3. 维生素C

（1）主要作用：可以防治坏血病、感冒等疾病，有消除疲劳的功效。

（2）替代食物：绿色叶菜、绿色花菜、番茄等蔬菜，柑橘、柠檬、山楂、猕猴桃、枣等水果。

4．卵磷脂

（1）主要作用：能够把人体内多余的胆固醇代谢排出体外，还具有降脂作用。

（2）替代食物：豆类、蛋黄，由于蛋黄中同时含有胆固醇，建议胆固醇超标的人最好多吃豆类。

5．钙

（1）主要作用：构建骨骼必不可少的元素，在血液的凝结、肌肉的收缩以及神经反应等生命活动中起主要作用。

（2）替代食物：牛奶、连刺或连壳的小鱼和小虾等。

七、营养早餐及食物选择

（一）为什么要吃营养早餐

早餐距离前一晚餐的时间一般长达12小时，每当人们一觉醒来，体内储存的糖原已被消耗殆尽，这时急需补充能量与营养，以免血糖过低。血糖浓度低于正常值会出现饥饿感，大脑的兴奋性随之降低，反应迟钝，注意力不能集中，影响工作或学习效率。而科学合理的早餐则是最佳的能量与营养来源。早餐吃得太少或者不吃，或者选择了不当的食物，都会影响你一天之中的思维、行为和情绪，早餐还可以决定人一整天的精神状态并影响身体的健美。研究表明，儿童不吃早餐导致的能量和营养素摄入的不足很难从午餐和晚餐中得到充分补充，久而久之还可能引起胃痛和十二指肠溃疡及结石病等。因此，合理地搭配有价值的营养早餐，对人体健康的影响极其重要。

（二）早餐的最佳时间

对于较早就必须进入工作或学习的人，早晨起床活动20～30分钟后，在人的食欲最旺盛时吃早餐是最合适的；一般情况下，早餐安排在6：30—8：30进行比较适宜，习惯于早自习或早锻炼的同学，其早餐时间亦不宜迟于8：30。

(三)早餐的能量标准

成年人早餐的能量应为 2 930kJ（700kcal）左右，不同年龄、不同劳动强度、不同健身目的的个体所需能量有所不同（注：1kcal = 4.18155kJ）。

(四)早餐能量及三大营养素的比例

1. 早餐能量比例

以一日三餐为例，早餐提供的能量应占全天能量的25%～30%（午、晚餐可各占30%～40%）。也可将正常一日三餐饮食热能量分配为30%：40%：30%；而减肥者科学的三餐热量分配应为：28%：39%：33%。

2. 早餐中三大营养素的比例

研究证明，蛋白质、脂肪、碳水化合物的供能比例接近1：0.7：5的早餐，能更好地发挥餐后快速的升血糖作用，同时又利用了蛋白质和脂肪维持进餐后2个小时后血糖水平的功能，两者互补，使整个上午的血糖维持在稳定的水平，来满足大脑对血糖供给的要求，对保证上午的工作或学习效率有重要意义。

(五)早餐的一般食物

(1) 谷类100 g左右，可以选择馒头、面包、麦片、面条、豆包、粥等。

(2) 适量的含优质蛋白质的食物，如牛奶、鸡蛋或大豆制品。

(3) 100 g新鲜蔬菜和100 g新鲜水果。

不同年龄、不同劳动强度、不同健身目的的个体所需的食物量可以有所不同。

(六)营养早餐的评价标准（供能比例及种类）

评价早餐的质量通常有两种方法：一种是根据早餐所提供的能量和营养素量来评价。我国居民膳食指南建议，来自早餐的能量应当是全天能量摄入的25%。早餐的食量应相当全天食物量的1/4～1/3，但对各种营养没有建议量；另一种方法是根据早餐的食物种类的多少来评价。食物分为5类，即谷类、豆类、肉类、奶类和蔬菜水果类。如果一顿早餐中有上述5类中的4类则为早餐充足；如果食用了 3 类则为早餐较好；如只选择了其中两类或两类以下则为早餐质量较差。调查表明，我国中小学生早餐组成的主要模式是"谷类＋蔬菜水果"和"谷类"，而食用豆类、奶类的比例较低，仅为 6.7% 和 4.7%。乡村中小学生早餐食用谷类和蔬菜水果类食物的比例明显高于城市学生，食用肉类、奶类的比例低于城市学生。城乡中小学生每天早餐食用了 4 类及 4 类以上的食物者仅为 0.9%；食用 1—2 类食物的比例高达 87%，说明我国多数中小学生的早餐质量较差。故应保证学生营养早餐的质和量。

（七）塑身减肥者早餐食物的选择

（1）早餐是学生大脑的"开关"，其能量主要来源于碳水化合物，因此早餐一定要进食一些淀粉类食物，最好选择没有精加工的粗杂粮并且掺有一些坚果、干果。这样的食品释放能量比较迟缓，可以延长能量的补充时间，如馒头、花卷、包子、馄饨、豆沙包、坚果、面包、玉米粥等。

（2）维持人体充沛精力和灵敏反应力的蛋白质也不能少，因为含蛋白质的早餐能在数小时内持续地释放能量，使学生更"经饿"。可以选择鸡蛋、酱牛肉、鸡翅、素鸡豆制品等食物。

（3）好的早餐一定要有些蔬菜和水果，如凉拌小菜、鲜蔬菜、水果等。这不仅仅是为了补充水溶性维生素和纤维素，还因水果和蔬菜含钙、钾、镁等矿物质，属碱性食物，可以中和肉、蛋等食品在体内氧化后生成的酸根，以达到酸碱平衡。

（4）试图减脂的女学生应选择含脂肪少的谷类早餐食品。有人研究发现，涂有黄油、果酱和奶酪的小面包，另加一个鸡蛋的早餐所含的脂肪量比全脂牛奶、水果和谷类食物的早餐脂肪量高约 7 倍。近年来，以谷类为主的早餐尤其受到女性青睐，因为一顿好的早餐应包括谷类食品（如粗面粉面包、八宝粥、黑米面包、窝窝头、茴香菜包等）、水果和奶制品（最好喝含脂肪少的牛奶）这三样东西。谁吃这样的早餐，谁就能够同时获得丰富的碳水化合物、少量的脂肪、丰富的维生素和矿物质。

（5）注意摄取维生素、叶酸和铁。特别是维生素 C 和铁的需要量。当今，大多数女性都没有从食物中摄取足够的铁和叶酸。如有可能，可从午餐和晚餐中予以补充。肉、内脏、小米、茴香可满足人每日所需的 10 毫克～18 毫克铁的需求量。维生素 B 则可从瘦肉、鱼、肝、全麦面包、土豆、花生等食物中摄取。

（6）早餐不宜吃太多油炸食物如油条、油饼、炸糕等。虽然食用后饱腹感会比较明显，但因摄入脂肪和胆固醇过多，消化时间太长，易使血液过久地积于消化系统，造成脑部血流量减少，可能会使人整个上午都觉得无法集中精神。

（八）科学的营养早餐形式

早餐搭配的基本形式：1 个鸡蛋（或 25～30 克肉）＋1 杯牛奶（加一点麦片更好）＋100 克主食＋1 碟小菜（凉拌新鲜蔬菜）。

除此之外，还可以根据自己的身体需要和经济承受能力，尤其是体重和体形，制定出适合自己的健康早餐、营养早餐、素食早餐和绿色早餐等方案。

第七章 大学生的体质健康与行为

第一节 行为概述

行为与健康有着密切的关系。随着经济的发展,由不良行为、生活方式引起的疾病比例持续增长。我们已经知道吸烟、缺乏运动、不合理膳食等是慢性非传染性疾病的危险因素。一方面,在传染病的传播过程中,人们自身的行为可能导致疾病的感染或传播。另一方面,通过采纳合理的行为,也有助于疾病预防、治疗和康复。作为当代大学生,应该主动掌握行为与健康的基本知识,培养健康的学习和生活习惯,养成正确的用脑卫生、用眼卫生、起居卫生、运动卫生和营养卫生,减少或消除各种健康危险因素,提高生活质量,促进身心健康。

一、行为的概念

(1)行为的定义:行为(Behavior)是人类及其他动物在内外环境的刺激下所引起的反应。具体地说,行为就是有机体面临内外环境变化的内在生理和心理变化的反应。

(2)行为的表示法:美国心理学家伍德沃斯(Woodworth)提出的著名的行为表示法:S(stimulus)→ O(organism)→ R(reaction)(刺激→有机体→反应)

（3）行为的含义：人类行为有一个一致的基本规律：它是人类为了维持自身的生存和种族的延续，与环境相互作用所发生反应的结果。它包括三层含义：

①表现为一种活动过程。

②表现某人当时的状态。

③表示该人具有的某种行为特征。

例如，当某个吸烟者接过别人敬的烟并开始吸烟时，这个行为不仅表明他是个吸烟者，正处于吸烟状态，还提示吸烟是他的生活习惯，他具备吸烟者常有的一些行为特征。

二、行为的分类

人具有生物性和社会性，因此，人类的行为分为：

（1）本能行为：是由人的生物属性决定的。包括：①摄食行为，②睡眠行为，③性行为，④攻击和自我防御行为，⑤探究行为，⑥追求刺激行为。

人的本能行为与动物的本能行为有本质的区别，因其受到文化、心理、社会诸因素的影响。例如：人在疲倦的情况下会产生睡眠行为，但是如果受到时间、地点、环境甚至纪律的限制，人会主动抑制这种行为，以适应当时的情况。

（2）社会行为：是由人的社会性决定的。主要来自社会环境的影响，即个体的社会性行为是人与周围环境相适应的行为，是通过社会化过程确立的。示范行为的来源包括：①家庭，②学校，③单位，④大众传媒。

人类就是这样通过不间断的学习、模仿、受教育和与他人交往的过程，逐步理解到必须使自己所做的事情得到社会的承认，符合道德规范，具有社会价值。

三、行为与健康

人的行为的产生受知识、个性、态度、需要和价值观的影响。人的行为与健康密切相关。良好的行为可以有益于健康，预防疾病；不良的行为则会严重危害健康。当前发达国家中的主要死因已经不是传染病和营养不良，而是心脏病、肿瘤和意外事故，这一类疾病的致病因素与行为有十分重要的关系。

现代医学的发展使人们认识到，心血管疾病、肿瘤除生物性致病因素外，还存在大量的社会因素和行为因素，如摄入过多的脂肪、吸烟、缺乏锻炼、摄入过多的食盐等。

根据 WHO 的统计数字，在人类死亡因素中，有 60% 是由不良行为引起的。美国因不良的生活方式和行为致死的人数占总死因比率的 48.9%；中国因不良的生活方式和行为致死的人数占总死因比率的 37.3%。

危害健康行为的主要表现特点是：①该行为对人、对己、对整个社会的健康有直接或间接的、明显或潜在的危害作用。②该行为对健康的危害有相对的稳定性，即对健康的影响具有一定作用强度和持续时间。③该行为是个体在后天生活经历中习得的，故又被称为"自我创造的危险因素"。

危害健康的行为通常可分为四类：①日常危害健康行为。主要包括吸烟、酗酒等。②致病性行为模式（简称 DPP），是导致特异性疾病发生的行为模式。目前研究较多的有 A 型和 C 型行为。A 型行为的表现有两种：不耐烦和敌意。由此常因别人的微小失误或无心得罪而大发雷霆。产生该行为的根本原因是过强的自尊和严重的不安全感。A 型行为者还有一些重要的外部体征，如语言带有突发性敌意、前额汗液津津、常匆忙打断别人讲话、眼周有色素沉着等；C 型行为的表现是情绪压抑、自我克制，表面上处处依顺、谦和善忍，内心却是强压怒火，爱生闷气。③不良生活习惯。主要导致各种成年期慢性退行性病变、早衰、癌症等发生。表现有饮食过度、偏食、挑食和过多吃零食；嗜好含致癌物的食品，有不良进食习惯等。④不良疾病行为。疾病行为指个体从感知到自身有病到身体康复所表现出来的行为。不良疾病行为发生在已知自己患病或病患已被确诊后。常见表现形式为瞒病行为、恐惧行为、自暴自弃行为等。

我们应该采取的行为：①每天坚持进行适当的体育锻炼和户外活动。②重视安全行为，预防意外事故的发生。③建立良好的生活习惯，包括合理饮食、有规律地就餐、控制体重、足够的睡眠、良好的社交、定期体检。④避免接触污染环境和高危环境。⑤避免吸烟、酗酒和药物成瘾等。

第二节 危害大学生健康的常见行为

一、吸烟

吸烟是危害人体健康的恶习，世界卫生组织将吸烟列为全球性流行病，并确认烟草是目前对人类健康的最大威胁。现代医学科学证明，烟草燃烧时会释放出一千多种化合物，绝大多数对人体有害，且有不少于44种的致癌物质。世界卫生组织已经证实：30%的癌症与吸烟有关。吸烟会导致心血管疾病、容易引起中风；吸烟会导致肺癌、肺气肿、慢性支气管炎等疾病；吸烟会导致男性失去性机能、会导致更年期提早来临并易患骨质疏松症；吸烟会导致牙齿及手指变黄、口臭；孕妇吸烟易导致胎儿早产及体重不足。

（一）我国大学生吸烟现状

学生初次吸烟年龄的高峰处于高中阶段。这一学习阶段的学生辨别是非能力较差，有叛逆心理，容易因好奇和感觉生活无聊而开始吸烟。随着学生零用钱的增多，吸烟率也随之升高。大学生吸烟的主要动因依次为提神醒脑、交际应酬、模仿好奇和受人影响等。

（二）吸烟的危害

（1）吸烟对肺的危害最为严重：烟中所含的焦油是一种棕黄色黏性树脂，沉积在吸烟者肺中，容易引起肺癌。据临床统计，肺癌患者中80%～85%是因吸烟引起的，而戒烟又使得肺癌的病死率下降。除去可怕的肺癌，吸烟者在吸烟的过程中，呼吸道黏膜会受到刺激而发生问题。如烟中的尼古丁进入人的支气管可对支气管的纤毛产生抑制和麻痹作用，严重的可使其丧失活力甚至脱落，导致支气管黏膜受损。香烟中的有害物质还会改变支气管黏膜的渗透性，使黏液分泌增多，引起咳嗽、多痰、慢性支气管炎、咽喉炎等症状。由于反复感染而使肺活量下降、气短，发生肺气肿、肺纤维化、肺功能不全，继而发生肺源性心脏病等疾病。

（2）吸烟增加癌症的发生概率：吸烟可以引起口腔癌、喉癌、唇癌、肺癌等许多种癌症。现代研究发现，生殖器癌的发病也与吸烟有关，还会增加膀胱癌发生的危险。

（3）吸烟损害心脑血管：烟草中的一氧化碳是一种会干扰氧气交换利用的有毒气体，它与血红蛋白的亲和力比氧气与血红蛋白的亲和力强。吸烟会使得碳氧血红蛋白的浓度升高，影响红细胞输送氧气的功能，造成慢性氧气利用不够，进而影响中枢神经系统功能，同时会促进胆固醇增多，加速动脉粥样硬化，影响心脑血管的健康。

（4）吸烟影响孩子的健康，伤害未出世的胎儿。统计发现，母亲吸烟的胎儿出生后幼儿成长期及智力发育等方面均会受到影响。在癌症的发生方面，研究发现，母亲在怀孕期间吸烟或被动吸烟，胎儿出生后在儿童期间与没有被动吸烟的儿童相比，发生癌症的危险高1倍。家庭成员中有人吸烟，孩子的健康也会受到损害。有资料表明，父母一方吸烟，儿童患支气管炎和肺炎的危险性增加50%，此外还会增加孩子发生哮喘和中耳炎的机率。

（5）吸烟对消化系统的影响：不仅会使消化道肿瘤的发生机率增加，如口腔癌、肠癌等更加容易发生，不容易为人们所重视的胃炎、消化道溃疡的发生也与吸烟有着密切的关系。烟草里的有害成分会抑制消化腺分泌消化液，使胃肠道的消化功能减弱，消化道黏膜的抵抗力下降，同时，由于吸烟可以影响胃的排空，这样更容易患溃疡病。吸烟还会增加患胃炎的机会，烟草中的尼古丁会使胃黏膜下血管收缩、痉挛，使黏膜缺血、缺氧，胃黏膜血流量减少是破坏胃黏膜完整性，导致胃黏膜损伤的重要因素之一。尼古丁还可使幽门括约肌松弛，运动功能失调，胆汁反流。反流到胃内的胆汁能破坏胃黏膜的自我保护屏障，造成黏膜糜烂，导致炎症。吸烟还会促进胃酸分泌，在胃黏膜屏障被破坏的基础上，胃酸又加重了胃黏膜的损害。

（6）吸烟造成社会损失：也许有些人会认为"吸烟是国家一大税收"，其实，吸烟给社会带来的负担比它的税收贡献要大得多。因吸烟而引起的疾病所开支的医疗费以及劳动价值的损失远远高于烟草的税收；此外，有 1/4～1/3 的火灾是由于吸烟不小心引起的。一个小小烟头，就可将宝贵的森林资源化为灰烬，造成人民生命财产的巨大损失。人是世界上最宝贵的财产，生命是无价之宝，不能和金钱相提并论。

（7）吸烟危害他人健康：我国现有烟民 3 亿多人，占世界总吸烟人数的 1/4。据全国抽样调查，被动吸烟率高达 39.7%，这样直接或间接受到烟草危害的人共有 7 亿之多。自觉养成不吸烟的个人卫生习惯，不仅有益于健康，而且也是一种高尚的公共卫生道德的体现。

青少年正处于生长发育时期，呼吸道黏膜容易受损，吸烟的危害性更大。据调查，小于 15 岁开始吸烟的人，比不吸烟的人肺癌发病率高 17 倍。

（三）对吸烟危害的预防

对吸烟危害的预防应采取综合性的措施，其中包括对群众的健康教育、立法和"治疗性"戒烟，而健康教育是这一综合措施的重要一环。对吸烟人群的健康教育要注意其吸烟的社会心理动机。要使吸烟人对吸烟危害有"恐惧感"，必须造成一种"社会歧视"的吸烟环境。利用现代传媒、广告等宣传手段宣传吸烟的危害和戒烟的方法。开展禁烟宣传教育需要从小学开始，中学、大学阶段均不可放松，减轻学生的身心负担、丰富学生的文化生活、开展健康有益的业余活动是控烟运动的有效措施。

二、酗酒

（一）我国大学生酗酒现状

酒是粮食或果实经发酵后制作的一种饮料。随着人们物质文化生活的丰富，酒的消耗与日俱增。根据调查，上海大学生的饮酒情况呈现三个特点：一是饮酒人数越来越多，年幼者或女性饮酒的人数增加明显。二是狂饮、暴饮的比例上升。三是饮酒品种的高档化。

要提倡完全禁酒是不现实的，因为酒不属于毒品。从某种意义上说，饮酒

大学生体质健康教育

是一种活动的需要。庆典、婚宴、联欢、饯行……但酒带来欢乐的同时也会带来忧患和灾难。人们在工作、家庭或社会活动中遇到挫折或者不快,易出现过量饮酒的行为,这就是我们反对酗酒的原因。

长期、过量地饮酒称为酗酒。在大学生当中,酗酒人数也越来越多,特别是在同学聚会或者吃"散伙饭"的时候,酗酒现象非常普遍。

(二)酗酒的危害

(1)酗酒危害社会安全:酒精对中枢神经系统的作用表现是先兴奋后抑制,酒精中毒者往往先是兴奋、有欣慰感,后会出现口齿不清、动作不协调,甚至酩酊大醉。酒精会破坏肌肉的协调,使神经反应迟缓、注意力不集中,这时最容易发生事故,对生命安全带来影响。许多凶杀案、强暴事件及交通事故都与饮酒过量有关。据统计,世界上 1/3 以上的交通事故与酗酒及酒后驾车有关。

(2)酗酒对神经系统的影响:加速脑部老化、损伤智力、情绪不稳定、注意力分散,导致错误的判断。实验证明,当血液中的酒精浓度达到 0.1% 时,会使人感情冲动;达到 0.2%~0.3% 时,会使人行为失常。长期酗酒会导致酒精中毒性精神病。

(3)酗酒对肝脏的影响:大量的酒精需要通过肝脏代谢分解,势必加重肝脏的负担,久而久之容易引起脂肪肝或肝硬化。肝癌的发病也与长期酗酒有关。暴饮暴食还会诱发急性胆囊炎和急性胰腺炎。

(4)酗酒对消化系统的影响:酒精对食管和胃的黏膜损害很大,会引起黏膜充血、肿胀和糜烂,导致食管炎、胃炎、溃疡病、食管静脉曲张、食道出血等。

(5)酗酒对心血管系统的影响:初期轻微胸痛、心律不齐,逐渐变成心脏扩大、心室衰竭。酒精会增高血压,容易造成中风或继发性心脏病。由于酒精会影响脂肪代谢,升高血胆固醇和甘油三酯,大量饮酒会使心率增快,血压急剧上升,极易诱发脑卒中。长期饮酒还会使心脏发生脂肪变性,严重影响心脏的正常功能。

(6)酗酒与药物的关系:感冒药、镇静剂、安眠药等如果和酒一起服用,会增强药物作用而产生危险。

（7）造成身体中营养失调和引起多种维生素缺乏症：酒精中不含营养素，经常饮酒者会食欲下降，进食减少，势必造成多种营养素的缺乏，特别是 B 族维生素的缺乏，还会影响叶酸的吸收。

在我国，酗酒是危害健康的重要因素之一，每逢节假日，急性酒精中毒的人数增加，因酗酒导致的猝死情况也时有发生。因此，应加强酗酒有害健康的教育。

第三节　养成合理的生活习惯

一、努力改变以下不良生活习惯

（1）不吃早餐：天长日久就会造成营养不良、贫血、抵抗力降低，并会产生胰、胆结石。

（2）饱后即睡：饭后即睡易引起心口灼热及消化不良，还会发胖。

（3）饱食：饱食容易引起记忆力下降，思维迟钝，注意力不集中，应激力减弱。经常饱食，还会诱发胆结石、胆囊炎、糖尿病等疾病，使人未老先衰，寿命缩短。

（4）强忍小便：强忍小便有可能造成急性膀胱炎、出现尿频、尿疼、小腹胀疼等症状。有憋尿习惯的人患膀胱癌的可能性比一般人高 5 倍。

（5）伏案午睡：一般人在伏案午睡后会出现暂时性的视力模糊，原因就是眼球受到压迫，引起角膜变形、弧度改变造成的。倘若每天都压迫眼球，会造成眼压过高，长此下去视力就会受到损害。

（6）睡懒觉：睡懒觉使大脑皮层抑制时间过长，长时间如此，可引起一定程度人为的大脑功能障碍，导致理解力和记忆力减退，还会使免疫功能下降，扰乱机体的生物节律，使人懒散，同时对肌肉、关节和泌尿系统也不利。

（7）不饿不吃：许多人进餐无规律，不吃早餐或不按时就餐，理由是不饿就不吃。殊不知，进餐无规律，饮一餐饿一顿，不仅会打乱人体饮食生物钟节律，给健康带来危害，而且一般来说，食物在胃内经过4～5个小时后就会全部排空，当人感到饿时胃液已经开始"消化"胃黏膜，长期下去，也是导致消化不良和营养不良的重要原因。

（8）不渴不喝：有些人平时不喝水，只是在口渴时才喝，理由是不渴喝什么水？在正常情况下，人每天可通过出汗、呼吸和大小便排出一部分水，为了保持水的平衡，人体又从食物和饮水中补充所丢失的水分，每天喝一定量的水（一般需1 000毫升左右，夏天还要适当多一些）是健康的需要。如果感到口渴，表明身体已缺水。因此，要保持机体的水平衡，不能等口渴了再喝水，应该主动喝水。

（9）不累不歇：工作学习和休息，是相互影响的两个相对立的统一体，会休息的人，才会工作和学习。有些人感到累了才休息，甚至累了还要硬撑一会儿。其实，这样做不仅对工作和学习无益，而且对健康也会带来危害的。累了，是身体相当疲劳的感觉和表现，已对健康造成了危害，这时再休息为时已晚。要合理安排工作学习和休息，应养成不累也休息的习惯，做到不过分透支体力和脑力，才有益于健康。

（10）不病不治：有病早治，无病早防，这是人们普遍知晓的道理。许多人不懂得预防，不积极进行健康检查，常常悔之晚矣。其实，保健养生应以预防为主，生活规律，合理营养，保持良好的心态，坚持适宜的运动锻炼，提高身体素质和抗病能力，减少疾病的发生。此外还应定期检查身体，保证有病可以及时发现，及时治疗，及时康复，这样才能健康长寿。

（11）鞋跟过高：促使趾和前脚掌负重过度，身体前倾，胸腰后挺，导致腰肌韧带过劳，易发生趾外翻、趾囊炎、关节骨折等。

（12）喝酒过量：酒喝多了会伤害肝、脾、胃，长期饮酒还会使酒精在人体内积累形成慢性中毒，麻痹神经使人体代谢功能紊乱，加速衰老。

（13）步行太久：步行时足弓保持一定的高度和张力，如步行太久，足弓就会下陷使跟骨负重增加，容易发生骨折。因此步行旅游时每日行程不宜太长，应穿合适的旅游鞋，并注意补充营养。

（14）刷牙过久：刷牙可清洁口腔和牙齿，防止牙病和口腔炎症及诱发的风湿病、肾炎等，但刷牙时间过久会使牙龈损伤，不利于牙齿生长，还会导致牙周发炎。

二、坚持以下生活取舍

（1）少肉多菜：食肉过多易患肠癌，而且食肉还会导致脂肪过多、血管栓塞等疾病。

（2）少盐多醋：食盐过多的人，容易患中风症、肾脏病等，一般饮食应以清淡为宜。健康专家认为：每天喝一二两醋，对肠胃有益，可增加皮肤光泽。

（3）少衣多浴：少衣是指冬天来临时，不要穿得太暖和，最好是衣着仅仅及暖便可。此外，要经常洗澡，以去除肌肤间的污垢，并使皮肤得到适当的按摩，确保血流通畅。

（4）少糖多嚼：过饱饮食，过量食糖，会使肠胃的负荷大增，还会把多余的营养存于皮下，使人肥胖。而多咀嚼食物，却可使胃部负担不至太重。口部咀嚼的运动，会刺激神经，使头脑灵活。

（5）少车多步：步行不仅可令人身体健康，还可使我们重新寻回自我。

（6）少欲多施：把满足自己的心理变成满足他人。

（7）少忧多眠：与其样样事都忧心忡忡，还不如养足精神，明天多做事更管用。而每天躺在床上不足四五个小时，无疑是对身体最大的摧残。

（8）少愤多笑：愤怒会使人心理不平衡，催人减寿。只有笑才可使人更愉快、健康。

（9）少坐电梯，多爬楼梯：爬1分钟楼梯，你就会消耗6卡路里热量，即使你只住在4层楼上，一星期也至少能消耗120卡路里热量，1年就是5520卡路里，相当于你一年能少长1公斤脂肪呢。

参 考 文 献

[1] 顾长海.基于微信平台的大学生体质健康教育及创新路径［J］.中国电化教育，2020，（12）：1-2.

[2] 王会会，薛奥传，冷洪帅.体质健康教育背景下体力活动不足对大学生体质的影响［J］.当代体育科技，2021，11（35）：31-33.

[3] 刘继明，杨干干，刘鹏辉.高校大学生体质健康教育工作的问题及其对策［J］.信息周刊，2019，（8）：1-1.

[4] 庞建民.大学生体质健康管理体系建设构想：以江苏财经职业技术学院为例［J］.当代体育科技，2020，10（5）：61-64.

[5] 黄朋.高校大学生体质健康现状及对策研究［J］.休闲，2020，205（1）：89-89.

[7] 潘静.密集化健康教育对大学生生活习惯的影响［J］.医学食疗与健康，2021，19（22）：200-201.

[8] 张锡娟.基于"体育强国梦"的大学生体质健康与思政教育的协同开展［J］.文体用品与科技，2019，（11）：168-169.

[9] 岳呈恺.高校大学生体质健康干预路径研究［J］.教育研究，2021，4（8）：15-17.

[10] 罗守斌.高校体育与健康教育对大学生体质健康水平的影响［J］.当代体育，2021，（1）：111.

[11] 王远.体育类高职院校学生三年体质健康状况及心理健康状况变化趋势［J］.心理月刊，2022，17（21）：218-220.

[12] 徐燕萍.关于对高校大学生健康教育与健康促进的探讨［J］.实用医学研究，2020，2（3）：67-68.

[13] 王哲.大学生体质与健康评价标准的现状与比较研究：评《大学生体质健康评价及健康教育》［J］.中国学校卫生，2021，（9）：4-4.

[14] 钟景顺.高校体育与健康教育提升大学生体质健康水平的路径探究[J].佳木斯职业学院学报,2022,38(11):40-42.

[15] 阚杰.健康促进视域下大学生体质健康教育模式的构建及干预策略研究[J].运动-休闲:大众体育,2022,(20):154-156.

[16] 侯义伟.健康中国理念下大学生体质健康教育问题探讨[J].灌篮,2021,(11):28-29.

[17] 梁方方.健康中国背景下大学生体质健康教育问题研究[J].教育教学论坛,2021,(14):156-159.

[18] 赵磊.大学生体质健康与学校健康教育缺失的研究[J].体育风尚,2019,(10):283-283.

[19] 王勤宇.微信公众平台对大学生体质健康教育的影响及作用[J].当代体育科技,2019,9(13):1-1.

[20] 罗少松.我国体质健康教育的改善与促进:评《大学生运动与健康促进研究》[J].中国教育学刊,2020,(7):146-146.

[21] 刘勇.基于学生体质健康数据的分类教育和运动干预研究[J].中文科技期刊数据库(全文版)社会科学,2023,(4):82-86.

[22] 肖丽,李好根.健康中国背景下高校体质健康教育教学模式研究[J].冰雪体育创新研究,2021,(13):145-146.

[23] 王小璇.健康中国背景下大学生的体质健康教育研究[J].中外交流,2020,27(6):109-109.

[24] 黎雅思,雷诗琪,韦海妮.健康中国背景下大学生的体质健康教育研究[J].农村经济与科技,2019,(3):293-295.

[25] 张芙容.解析大学生体质健康测试在高等教育中的作用:以桂林航大工业学院为例[J].拳击与格斗,2020,(12):11-11.

[26] 王拱彪,余静,宁丽娟.手机APP健康教育和运动处方锻炼对大学生体质及健康生活方式的影响[J].中国学校卫生,2019,40(8):1232-1234.

[27] 隋宇航,崔海月.大学生心理亚健康的朝医四象体质特征及教育对策研

究［J］.中国民族医药杂志，2019，（5）：48-49.

［28］缪亚东，葛皎丽，吴海生.体质健康视域下高校劳动教育路径研究［J］.中文科技期刊数据库（文摘版）教育，2022，（7）：258-260.

［29］杨安均，杨亚军.健康中国背景下兴义民族师范学院体质健康现状及"知信行"健康教育策略［J］.体育世界，2022，（2）：150-152.

［30］杨启琼.浅谈心理健康教育如何促进小学生体质健康［J］.女报：家庭素质教育，2020，（6）：166+175.

［31］刘冠男.大学生体质健康危机的现实困境及突破途径探索［J］.体育风尚，2019，（11）：20-20.

［32］王筠榕.高职大学生体质健康与心理健康的相关性分析［J］.科学大众（科学教育），2021，（4）：166-169.

［33］唐晶晶，李晓堂."健康中国"战略视域下大学生体质健康的制约因素及应对策略［J］.山东青年，2020，（6）：99-101.

［34］李恒.大学生体质健康测试现状及发展方向研究［J］.魅力中国，2020，（21）：222-222.

［35］朱丽丽，侯毓岭，蒋兰新.大学生体质健康测试中运动损伤的调查研究［J］.体育科技文献通报，2020，28（4）：62-63.

［36］贺琳桢.大学生体质健康测试后续服务管理模式与运用［J］.中文科技期刊数据库（全文版）教育科学，2022，（5）：173-176.

［37］聂欢密，刘冉，张达.以微信公众号为载体的大学生体质健康知识共享平台构建研究［J］.延安大学学报：自然科学版，2020，39（4）：109-112.

［38］李克江，刘雪，邹新宇等.高校大学生体质健康调查与影响因素分析：以重庆科技学院为例［J］.教育教学论坛，2019，（8）：85-87.

［39］沈泉平.HIIT和MICT对女大学生体质健康影响的比较研究［J］.教育评论，2022，（3）：128-134.

［40］侯迎锋，刘东升.政策执行视角下大学生体质健康促进策略探析［J］.现代职业教育，2020，（36）：66-67.

[41] 唐晓华. 不同生活方式对大学生体质健康影响的研究[J]. 中国科技经济新闻数据库教育, 2022, (2): 138-141.

[42] 黄萍婷, 杨奇. 当代大学生体质健康意识和行为的调查研究[J]. 文体用品与科技, 2022, (16): 41-43.

[43] 吕金科, 陈天乐, 梁振宇. 大学生居家"线上学习"前后的体质健康差异分析与对策研究[J]. 中国科技经济新闻数据库教育, 2022, (7): 46-50.

[44] 黄强. "健康中国"背景下大学生的体质健康教育研究[J]. 大学: 社会科学, 2021, (6): 137-139.

[45] 武东海, 明应安, 孙国栋. 基于物联网技术的大学生体质健康监测管理研究[J]. 体育研究与教育, 2019, 34(3): 22-24.

[46] 冯卫卫. 体育锻炼对民办高校大学生体质健康影响的研究[J]. 文体用品与科技, 2023, (5): 22-24.

[47] 王帅, 白文艳, 孙晓东. 北京中医药大学学生体质健康水平4年追踪研究[J]. 中医教育, 2022, 41(6): 46-51.

[48] 袁煜闯. "互联网+"时代背景下大学生运动健康教育途径之研究[J]. 田径, 2023, (4): 19-21.

[49] 刘又溪, 鲁天学, 刘圆圆. "健康中国"视域下云南省民办高校大学生体质健康促进的机遇及挑战研究[J]. 体育科技, 2023, 44(1): 51-53.

[50] 王岩, 段世双. 大学生的体育政策态度与体质健康合格率的关系[J]. 灌篮, 2022, (14): 154-156.

[51] 白心雨, 刘爽, 侯雪娇. 大学生体质健康测试结果分析[J]. 当代体育科技, 2022, 12(36): 182-185.

[52] 邹青海, 董宇. 大学生体质健康促进治理的现实困境、路径及长效机制[J]. 武术研究, 2023, 8(2): 127-130.

[53] 刘容娟. 探讨高校大学生体质健康测试项目的现状分析及对策[J]. 湖北经济学院学报: 人文社会科学版, 2022, 19(4): 139-141.

[54] 郭思强,侯军,孙林.肇庆学院大学生体质健康测试结果分析:基于《国家学生体质健康标准（2014年修订）》[J].肇庆学院学报,2019,(2):76-83.

[55] 杨智翼.4P医学模式对大学生体质健康促进的启示[J].教育教学论坛,2021,(9):43-46.

[56] 张玉惠.基于"互联网+"背景下的大学生体质健康锻炼新路径探究[J].中国科技经济新闻数据库教育,2021,(7):221-222.

[57] 李洪霖.大学生体质健康状况与高校体育教学改革的思考[J].中国科技经济新闻数据库教育,2021,(12):225-226+229.